RHYTHMIK FÜR KINDER

Beispiele für die
rhythmisch-musikalische Erziehung

von
BRITA GLATHE

KALLMEYERSCHE VERLAGSBUCHHANDLUNG

Meiner Mutter gewidmet

Zeichnungen: Bruno Zwietasch
Alle Rechte vorbehalten. Vervielfältigungen jeder Art einschl. fotomechanischer
Wiedergabe nur mit vorheriger Genehmigung des Verlages.
© 1992 Kallmeyer'sche Verlagsbuchhandlung
Druck: Sponholtz Druckerei, Postfach 14 64, 30956 Hemmingen
Kallmeyer'sche Verlagsbuchhandlung, D-30926 Seelze-Velber
ISBN: 3-7800-6020-5

INHALTSVERZEICHNIS

Seite

Einleitung 5

Arbeitsbeispiele o h n e Gerät 7
    Schulung des Ordnungssinnes 7
    Schulung des Gemeinschaftssinnes 9
    Begriffsbildung 12
    Schulung der Konzentrationsfähigkeit 16
    Gehörbildung 19
    Gedächtnisübungen 23
    Schulung der Reaktionsfähigkeit 24
    Schulung der Improvisation 27

Arbeitsbeispiele m i t Gerät 29
    Schulung des Ordnungssinnes 29
    Schulung des Gemeinschaftssinnes 31
    Begriffsbildung 36
    Schulung der Konzentrationsfähigkeit 38
    Gehörbildung 42
    Gedächtnisübungen 47
    Schulung der Reaktionsfähigkeit 49
    Schulung der Improvisation 51

Die Geräte (kurze Beschreibung) 55

Sachregister 56

ERKLÄRUNG DER ABKÜRZUNGEN

Um die Beschreibung der einzelnen Beispiele kürzer zu fassen, wurden immer wiederkehrende Begriffe für bestimmte Ausgangsstellungen gewählt.

Stirnkreis	—	Stand, Gesichter zur Kreismitte.
Rückenkreis	—	Stand, Rücken zur Kreismitte.
Kreis lose	—	Stand im Kreis, Hände nicht gefaßt.
Kreis gefaßt	—	Stand im Kreis, Hände gefaßt.
Sitzkreis	—	Sitz in Kreisform am Boden, Gesichter zur Kreismitte.
Schlange	—	Stand hintereinander.
Reihe	—	Stand nebeneinander.
Schneidersitz	—	Sitz am Boden mit gekreuzten Beinen.
Kniesitz	—	Knien am Boden und Sitzen auf den Fersen.
Hocke	—	Füße im Zehenstand, Sitz auf den Fersen, ohne den Boden zu berühren.
Halbsitz	—	Ausgehend vom Schneidersitz, ein Bein gebeugt parallel zum anderen legen.
Langsitz	—	Sitz am Boden, die Beine sind nebeneinander lang ausgestreckt.
„Froschsitz"	—	Ausgehend vom Kniesitz, diesmal aber zwischen den Beinen sitzend.

A = Anmerkung

V = Variante

⦿ = Augen geöffnet

● = Augen geschlossen

EINLEITUNG

Diese Sammlung wurde für alle diejenigen zusammengestellt, die in der praktischen Arbeit mit Kindern stehen. Sie soll einen Überblick über die vielfältigen Möglichkeiten der rhythmisch-musikalischen Erziehung geben. Die Beispiele sind in erster Linie für den Kindergarten, Kinderhort, Schulkindergarten, die Grundschule und für die Heilpädagogik gedacht. Sie lassen sich ebenso für die Arbeit mit Kindern im Alter bis zu etwa 10 Jahren wie, mit entsprechenden Abwandlungen, auch für ältere Kinder und Erwachsene verwenden.

Einen Anspruch auf Vollständigkeit kann die Sammlung nicht erheben; der Möglichkeiten sind zu viele, und die Anpassung an die jeweiligen Gegebenheiten erfordert darüber hinaus vielfältige Variationen, die hier zum Teil nur angedeutet sind.

Die rhythmisch-musikalische Erziehung braucht zu ihrem Verständnis vor allem das eigene Erleben, das durch keine noch so ausführliche Beschreibung von Übungen ersetzt werden kann. Eine bloße Aneinanderreihung einzelner „Übungen" entspricht ohnehin nicht dem Sinn eines solchen Unterrichtes. Diese Anregungen setzen daher voraus, daß die Grundlagen der rhythmischen Erziehung von der Lehrkraft erarbeitet worden sind. (Es werden folgende musikalische Grundkenntnisse vorausgesetzt: Notenschrift, einfache Improvisation auf der Blockflöte oder dem Klavier, Phrasierung, Zweistimmigkeit, ein-, zwei-, dreiteilige Liedformen, Taktarten, Dur und Moll.)

Es soll hier weder eine Lehre der rhythmischen Erziehung noch ein methodischer Leitfaden gegeben werden, sondern es handelt sich lediglich um Anregungen, die dazu beitragen sollen, die Arbeit mit Kindern vielseitiger und lebendiger zu gestalten. Dabei liegt es in der Hand jedes Lehrenden, diese Beispiele, die nur stichwortartig gegeben werden, durch eigene Erfahrungen zu erweitern und zu vertiefen.

Die Einordnung der einzelnen Beispiele in die verschiedenen Sparten (Schulung des Gemeinschaftssinnes, Begriffsbildung, Gedächtnisübungen) erfolgt, um die Vielzahl des Materials übersichtlich zu ordnen. Der Schwerpunkt eines jeden Beispiels liegt vornehmlich auf e i n e m bestimmten Gebiet, was die Einbeziehung der anderen Gebiete nicht ausschließt.

Zum Beispiel:
Die Kinder stehen mit geschlossenen Augen in einem Kreis. Ein Kind geht mit offenen Augen singend im Kreis umher, die anderen Kinder zeigen mit der Hand in die Richtung, in der sich das singende Kind befindet.
Bei dieser Übung wird in erster Linie das Gehör geschult, sie wurde deshalb der Gehörbildung zugeordnet. Sie schließt aber nicht die Anforderung an andere Fähigkeiten der Kinder aus, und zwar:
Ordnungssinn: Der Kreis der Kinder steht als gegebene Form im Raum, das einzelne Kind ordnet sich in seinem Weg der Kreisform unter.
Gemeinschaftssinn: Alle Kinder arbeiten gemeinsam an einer Aufgabe: Sie hören auf das singende Kind.
Konzentrationsfähigkeit: Starke Konzentration aller Kinder auf das Singen des einzelnen Kindes, Verbindung des „erhörten" Weges des Kindes im Kreis

mit der nachfahrenden Bewegung der eigenen Hand. Die Kinder kommen dadurch von selbst zur inneren und äußeren Ruhe.

Gedächtnisübung: Wie ist das Kind im Kreis gegangen? Kann man den Weg, den die Hand nachgefahren ist, auch im Kopf behalten?

Reaktionsfähigkeit: Schnelles Umsetzen des gehörten Weges aus der abstrakten Vorstellung in die konkrete Bewegung der eigenen Hand.

Improvisation: Das Kind in der Mitte des Kreises kann die Melodie sowie auch den Weg frei erfinden und ausgestalten.

Ein weiteres Sachregister (s. Seite 56) ermöglicht die Verwendung der Beispielsammlung auch unter anderen Gesichtspunkten.

Es ist selbstverständlich, daß in einer Rhythmikstunde nicht ein Beispiel an das andere gereiht werden kann. Durch Varianten, die im lebendigen Unterricht von selbst entstehen, kann man aus fast jeder „Übung" eine ganze Stunde entwickeln, wobei deren Aufbau durch den Wechsel von Spannung und Entspannung bestimmt werden sollte. Der rhythmische Fluß zwischen diesen beiden Polen bildet den grundlegenden Gedanken der rhythmisch-musikalischen Erziehung überhaupt.

Möge dieses Heft all denen, die um die Arbeit der rhythmischen Erziehung bemüht sind, neue Anregungen geben, wie Kinder „spielend" lernen können.

Brita Glathe-Seifert

ARBEITSBEISPIELE OHNE GERÄT

SCHULUNG DES ORDNUNGSSINNES

Abb. 1

1. (Abb. 1) Alle Kinder gehen im Takte der Musik, ohne einander oder einen Gegenstand im Raum anzustoßen.

A: Wichtige Grundübung, die am Anfang jeder Stunde stehen sollte. Auf die gute Raumaufteilung der gehenden Kinder ist zu achten!

2. Die Kinder gehen rückwärts, ohne einander oder einen Gegenstand im Raum anzustoßen.

V: Mit oder ohne Musik — langsam oder schnell — mit geöffneten oder geschlossenen Augen — mit ausgebreiteten Armen — auf den Zehenspitzen usw.

3. Einige Kinder liegen am Boden, die anderen steigen beim Gehen zur Musik über sie hinweg, ohne sie zu berühren, wobei sie nicht das Schrittmaß verlieren dürfen.

V: Rückwärts — langsam und vorsichtig mit geschlossenen Augen — laufend auf allen Vieren usw.

Abb. 2

4. (Abb. 2) Die Musik endet nach jeder Phrase der Melodie, bei Phrasenende bleiben die Kinder stehen.

A: Es eignet sich jedes Lied, das einen klaren Formaufbau hat, z. B.: „Alle Vögel sind schon da..." Die Kinder können die einzelnen Phrasen auch selber singen und sich danach bewegen.

V: Bei Phrasenende stehen die Kinder zu zweit — alle im Kreis — sie sitzen am Boden — sie klatschen in die Hände — sie drehen sich einmal herum usw.

5. Jedes Kind geht sein eigenes Schrittmaß, die anderen ordnen sich dabei zeitweilig dem Schrittmaß eines bestimmten Kindes unter.

V: Die Musik ordnet sich dem Schrittmaß eines bestimmten Kindes unter — die Kinder ordnen sich dem musikalischen Grundmaß unter.

6. Jedes Kind sucht sich im Raum einen Platz am Boden und behält ihn während der ganzen Stunde bei, d. h. in den Ruhepausen der Stunde kehrt das Kind immer wieder auf seinen alten Platz zurück.

V: Der Platz wird während der Stunde nur einmal „gedacht" oder mit der Hand gezeigt. Wer kann sich in der nächsten Stunde noch an seinen Platz erinnern?

Abb. 3

7. (Abb. 3) Die Kinder stellen sich in bestimmten Formen im Raum auf: Kreis — Halbkreis — Reihe — Schlange — Dreieck oder dgl.

V: Die aufgestellten Formen werden erst am Ende eines gesungenen Liedes, auf Zuruf oder auf ein bestimmtes Zeichen gebildet.

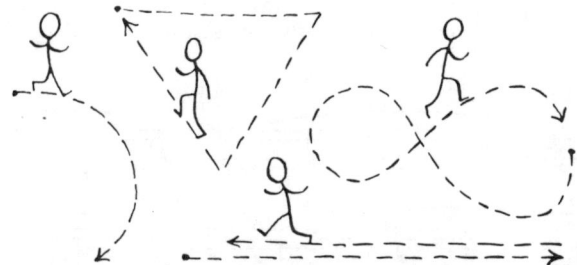

Abb. 4

8. (Abb. 4) Verschiedene Formen (Zahlen, Buchstaben, geometrische Figuren) werden von jedem einzelnen Kind ausgegangen.

V: Die Formen werden mit der Hand in die Luft gemalt — mit geschlossenen Augen gedacht — mit der Hand auf den Boden gezeichnet — im Stand mit den Augen als Linie auf dem Boden verfolgt.

9. Rückenlage. Jedes Kind darf aufstehen, wenn es dicht bei sich einen Flötenton hört.

V: Die Kinder haben die Augen geöffnet oder geschlossen — der Ton wird gesungen — anstatt des Tones wird in die Hände geklatscht oder leise mit dem Fuß aufgestampft. Aus dem Stand kommen die Kinder ebenso wieder zur Rückenlage: Wer dicht bei sich einen Flötenton hört, legt sich wieder zu Boden usw.

SCHULUNG DES GEMEINSCHAFTSSINNES

10. Alle Kinder gehen gemeinsam im Rhythmus der Musik. Ohne besondere Aufforderung setzen sie sich einzeln nacheinander auf den Boden; sobald alle Kinder sitzen, stehen sie einzeln nacheinander wieder auf und gehen weiter.
A: Diese Übung fällt den meisten Kindern sehr schwer, weil sie sich selber den Befehl zur Ordnung geben müssen. Es ist genau darauf zu achten, daß sich jeweils nur e i n Kind hinsetzt oder aufsteht.

11. Schlange. Ein Kind führt die Schlange an, die Kinder laufen zur Musik. Nach einer von ihm s e l b s t bemessenen Zeit geht das erste Kind an das Ende der Schlange und überläßt dem zweiten Kind die Führung. Das zweite Kind macht dasselbe, bis jedes Kind einmal die Schlange angeführt hat.
V: Das Abwechseln des führenden Kindes kann auch musikalisch bestimmt werden: Bei jedem Phrasenende der Musik geht das erste Kind an das Ende der Schlange, oder es wird zum Gehen ein Lied gesungen, bei dessen Ende die Führung der Schlange abgegeben wird.

12. Schlange. Die Kinder gehen zur Musik, die in deutlichen Phrasen gespielt wird. Das erste Kind führt bei jedem Phrasenende eine bestimmte Bewegung aus, die es sich selber ausdenkt (drehen, einmal hüpfen, hinhocken, hinlegen, in die Hände klatschen usw.). Alle Kinder ahmen diese Bewegung sofort nach.

13. Schlange. Die Kinder stehen als „Zug". Der „Zug" fährt verschieden schnell, d. h. die Kinder ordnen sich dem führenden Kind im Laufen und dem wechselnden Tempo der Musik unter.

14. Die Kinder bilden zwei „Züge". Es fährt zur Musik immer nur ein „Zug", d. h. die „Züge" lösen sich im Fahren ab.
A: Die Kinder sollen sich untereinander selbständig ablösen!

Abb. 5

15. (Abb. 5) Zwei „Züge" stehen im Raum. Der eine „Zug" fährt langsam (Bummelzug!), d. h. die Musik spielt halbe oder viertel Notenwerte; der andere Zug fährt schnell (Eilzug!), d. h. die Musik spielt viertel oder achtel Notenwerte. Die „Züge" wechseln sich der Musik entsprechend ab.

16. Rückenlage in einer Reihe am Boden. Ein Kind steht langsam auf. Sobald es steht, beginnt ein anderes mit dem Aufstehen. Auf die gleiche Weise legen sich die Kinder wieder auf den Boden.

A: *Die Bewegung der aufstehenden Kinder soll ohne Unterbrechung ausgeführt werden. Es ist wichtig, kein bestimmtes Kind zum Aufstehen oder Hinlegen aufzufordern.*

17. Alle Kinder stehen im Raum. Ein Kind geht singend zwischen der Gruppe durch und bleibt vor dem Kind stehen, welches als nächstes weitergehen soll.
V: Bei Phrasenende einer gespielten Melodie steht das erste Kind vor einem anderen, das als nächstes weitergehen soll — ohne Singen und ohne gespielte Musik findet nur gehend ein „stummer" Wechsel statt — ein Kind beginnt im Stehen zu singen und sieht während des Singens das Kind an, welches als nächstes weitergehen soll.
A: *Auf die Phrasierung achten! Am besten eignet sich hierfür ein deutlich phrasiertes Lied.*

Abb. 6

18. (Abb. 6) Ein Kind steht vor der Gruppe der anderen Kinder wie vor einem „Spiegel", d. h. alle seine Bewegungen werden von der Gruppe nachgeahmt.
A: *Man kann hierbei deutlich die geordneten und ungeordneten Bewegungstypen unterscheiden. Daher sind klare und einfache Bewegungen wichtig, z. B.: Heben beider Arme, Drehen des Kopfes usw.*

Abb. 7

19. (Abb. 7) Ein Kind steht vor der Gruppe und gibt durch Handzeichen an, was die anderen tun sollen, z. B. sich hinlegen, aufstehen, zu ihm kommen, rückwärts gehen, sich drehen usw.
V: Erschwert wird die Aufgabe, wenn die Kinder in zwei Gruppen eingeteilt werden und ein einzelnes Kind mit jeder Hand eine Gruppe führt.
A: *Die Bewältigung dieser Aufgabe kann erst nach längerer rhythmischer Arbeit erwartet werden, da sie ein großes Maß an Unabhängigkeitsgefühl und sicherer Körperbeherrschung erfordert!*

20. Sitzkreis am Boden. Jedes Kind klatscht einmal in die Hände, das Klatschen geht ohne Unterbrechung im Kreis herum.

V: Mit oder ohne Singen — ein Kind wird beim Klatschen immer übersprungen — Richtungswechsel auf Zuruf — die Kinder sitzen sich in zwei Reihen gegenüber, das Klatschen wechselt jedes Mal von einer Reihe zur anderen hinüber usw.

21. Sitzkreis am Boden. Ein Kind steht auf, geht einen Weg im Raum und setzt sich wieder auf seinen Platz im Kreis. Ein anderes Kind erhebt sich anschließend, geht durch den Raum, setzt sich auf seinen Platz usw.

V: Mehrere Kinder aus dem Kreis bewegen sich immer gehend, andere bleiben sitzen. Der Kreis soll sich in steter Bewegung befinden. Die Kinder lösen sich selbständig ab. — Jedes Kind singt leise zum eigenen Gehen, setzt es sich wieder in den Kreis, hört es auf zu singen.

Abb. 8

22. (Abb. 8) Sitzkreis am Boden. Ein Kind geht um den Kreis herum (mit und ohne Singen!); bleibt es hinter einem anderen Kind stehen, so geht dieses weiter, und das erste Kind setzt sich auf den neuen Platz.

V: Die sitzenden Kinder haben die Augen geschlossen, das gehende Kind hat die Augen geöffnet. Die Kinder im Kreis hören jetzt nur auf das Schrittgeräusch des gehenden Kindes, das ebenfalls hinter einem anderen Kind stehenbleibt, damit dieses weitergehen kann.

23. Sitzkreis am Boden, Hände gefaßt. Die Hände bilden einen Kreis, der verkleinert oder vergrößert, gesenkt oder gehoben werden kann.

V: Die Augen werden geschlossen — die Bewegung der Hände wird mit dem Hören auf hohe und tiefe Töne verbunden — Kreis aus allen Füßen — Kreis mit allen Köpfen usw.

24. Ein neues Lied wird gelernt. Dazu wird der Text gemeinsam im Rhythmus gesprochen — der Melodierhythmus wird gemeinsam geklatscht — mit den Füßen gestampft — mit der Zunge geschnalzt oder mit den Händen auf den Boden geklopft.

BEGRIFFSBILDUNG

25. Wo ist oben — unten, vor — hinter, rechts — links?
Was ist krumm — gerade, groß — klein, lang — kurz, rund — eckig, hart — weich?
V: Ein Kind steht vor — hinter — neben mir! — Ein Kind steht (sitzt, kniet, hockt, liegt usw.) v o r dem Fenster, n e b e n dem Klavier, h i n t e r dem Stuhl, u n t e r dem Tisch usw. — Wir heben die rechte, die linke Hand (verbinden mit musikalischen Motiven: Für jede Hand gilt ein bestimmtes Motiv!) — Wir hüpfen auf dem rechten, auf dem linken Bein. — Wenn in die Hände geklatscht wird, setzen sich alle Kinder zuerst auf ihren Stuhl, dann stellen sie sich vor das Fenster und setzen sich schließlich in den Schneidersitz (Aufgabenketten!). — Die Kinder erfinden selbst Aufgaben, in denen die neuerlernten Begriffe vorkommen.
Welche Dinge im Zimmer (im Garten, in der Schule, an mir selber) sind rund, lang, kurz usw.?
Können alle diese Begriffe gezeigt, in die Luft gemalt, auf den Boden gezeichnet, an die Tafel gemalt, mit geschlossenen Augen gezeigt und beschrieben werden?
A: Der jeweilige Begriff wird vertieft, wenn das entsprechende Wort dazu bewußt ausgesprochen wird.

26. Was ist ein Kreis? — eine Reihe? — ein Viereck? usw.
Diese Formen werden beschrieben, gezeigt, gezeichnet, gedacht, nachgeahmt.
V: Die Kinder sitzen, stehen oder liegen am Boden und bilden dabei gemeinsam eine der gelernten Figuren.

Von oben gesehen:

Abb. 9

27. (Abb. 9) Wir bilden einen Kreis aus Händen, Füßen, Köpfen oder Armen. Der Kreis kann groß oder klein sein, er kann sich heben und senken.

28. Eine Figur — die Kinder wählen oft einen Buchstaben oder eine Zahl — wird mit der Hand, einem Finger, mit dem Kopf, mit dem Fuß in die Luft gezeichnet oder mit der Hand an die Tafel oder auf den Boden gemalt.
A: Diese Übung kann vertieft werden, wenn die Figur oder Form bei geschlossenen Augen „gedacht", d. h. nur innerlich verfolgt wird.

29. Die Kinder stehen oder sitzen und bilden dabei eine in sich abgerundete Form, es braucht aber kein Kreis zu sein.

A: Erst wenn die Begriffe Kreis, Viereck oder Reihe verstanden sind, sollte diese Aufgabe gestellt werden.

30. Ein Kind denkt sich eine Bewegungsfolge aus, z. B. Hüpfen auf dem linken Bein — Stehen vor dem Stuhl — Sitzen unter dem Tisch. Die anderen Kinder erraten diese Folge, ahmen sie nach und erfinden eine neue.

V: Ein Kind gibt einem anderen eine Bewegungsfolge auf und kontrolliert und verbessert selbst die gestellte Aufgabe.

31. Wie sitzt man im Schneidersitz — Halbsitz — Kniesitz — Froschsitz — in der Hocke?

V: Auch mit diesen Körperstellungen können Bewegungsaufgaben gestellt werden.

32. (Abb. 10) Phrasierung. Die Phrasierung kann eingeführt werden mit Frage und Antwort im Sprechen, im Singen, im Klatschen oder an Hand eines deutlich phrasierten Liedes (z.B.: „Ilse Bilse..."). Wann ruht sich die Melodie aus? Wessen Hände oder Füße wollen sich dabei ebenfalls ausruhen?

V: Die Kinder gehen gemeinsam zur Melodie, bei Phrasenende sitzen sie am Boden — drehen sich herum — klatschen in die Hände usw.

Phrasierung:
gesprochen:

gesungen:

Abb. 10

33. (Abb. 11) Einteilige Liedform. Es empfiehlt sich, die einteilige Liedform erst nach Vertrautsein mit den mehrteiligen Formen einzuführen, da sie weitaus seltener ist. — Wie unterscheidet sich diese Form von den anderen? (Fehlen des Gegenmotivs!)

Einteilige Liedform

Abb. 11

Zweiteilige Liedform

Abb. 12

34. (Abb. 12) Zweiteilige Liedform. Tauchen hierbei gleiche Melodieabläufe auf? Unterscheidet sich der erste Teil des Liedes vom zweiten Teil? Gehört er trotzdem zum Lied? Kann ein Kind den ersten — ein zweites den zweiten Teil des Liedes singen (klatschen — gehen — pfeifen usw.)?
V: Der erste Teil des Liedes wird vorgesungen, die Kinder ergänzen singend den zweiten Teil (und umgekehrt). — Wer kann eine Melodielinie für jeden Teil des Liedes aufzeichnen? Wer kann diese Linien so zeichnen, daß man sieht, daß es zwei verschiedene Teile sind?

Dreiteilige Liedform

Abb. 13

35. (Abb. 13) Dreiteilige Liedform. Wie klingt dieses Lied? Wiederholt sich die Melodie einmal? Wann wiederholt sie sich?
V: Die Kinder begleiten das Singen des Liedes mit bestimmten Bewegungen, z. B.: Teil A: Klatschen, Teil B: Stampfen der Füße, Teil A: Klatschen. — Variieren mit Gehen, Singen, Klatschen, Klopfen, Summen, Sprechen usw. — Die Melodielinien werden aufgezeichnet. — Die Form des Liedes wird in räumlichen Figuren ausgegangen. (Daraus läßt sich ein Bewegungsspiel entwickeln!)

36. (Abb. 14) Zweistimmigkeit. Die Zweistimmigkeit kann folgendermaßen eingeführt werden: Ein Kind stellt einen „langsamen Zug", ein anderes Kind einen „schnellen Zug" dar. Die Musik gibt nun jeweils an, welcher „Zug" fahren soll (Wechsel von halben und viertel Noten). Was geschieht nun, wenn die schnelle und die langsame Melodie gleichzeitig erklingen? (Ist kein Klavier vorhanden, so lassen sich die beiden Rhythmen auf zwei nebeneinanderliegenden Tamburinen oder auf dem Xylophon spielen!)

Abb. 14

V: Ein Kind und die Gruppe der übrigen Kinder bilden eine Zweistimmigkeit. — Die eigenen beiden Hände bilden eine Zweistimmigkeit. — Die Kinder stehen zu zweit voreinander und klatschen, klopfen oder summen jedes seinen Rhythmus oder seine Melodie und bilden so eine Zweistimmigkeit. — Die beiden Melodielinien werden nebeneinander an die Tafel gezeichnet.

Taktieren:

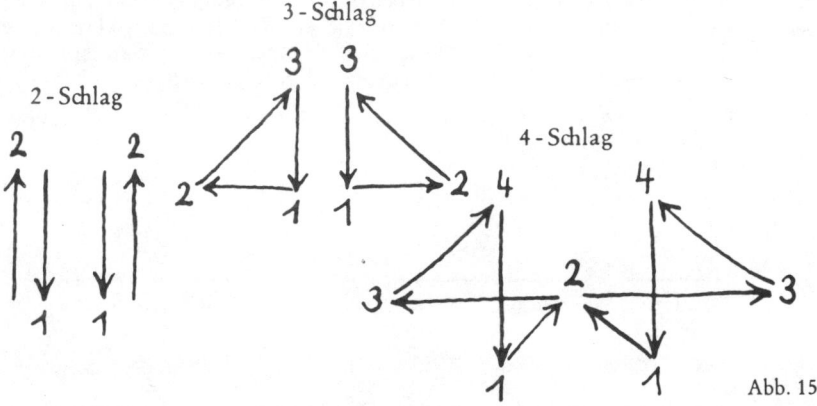

Abb. 15

37. (Abb. 15) Taktieren. 2-3-4-Schlag, taktieren zum Singen oder Sprechen.
V: Wer kann erkennen, welches Lied im 2-3-4-Schlag steht?
Die Kinder singen ein Lied und betonen den ersten Taktteil jedes Taktes mit einer besonderen Bewegung (Klatschen, Aufstampfen, Schlagen auf den Boden usw.).

38. Wer kennt seine Finger? Wie heißen die einzelnen Finger, und wo sitzen sie? Wo sitzen Mund, Nase, Ohren, Augen?
V: Gedächtnisaufgabe: Wer kann mit seinem Daumen erst die Nase, dann das rechte Ohr zeigen?
Die Kinder erfinden selber solche Bewegungsaufgaben, ahmen sie nach und kontrollieren sich selber.

SCHULUNG DER KONZENTRATIONSFÄHIGKEIT

39. Die Kinder setzen sich einzeln zu Boden und stehen einzeln wieder auf. Wer führt seine Bewegungen am leisesten aus?

40. Der eigene Name wird laut oder leise gesprochen. (Z. B.: Bei weit auseinandergehaltenen Händen wird der Name laut, bei eng zusammengehaltenen Händen leise gesprochen. Die einzelnen Kinder werden dabei durch Ansehen bestimmt.)

V: Kreis. Die Kinder sprechen jetzt nicht mehr ihren eigenen Namen laut oder leise, sondern den Namen ihres rechten oder linken Nachbarn. — Ein Kind darf mit den Händen zeigen, wie die anderen Kinder ihren oder einen fremden Namen sprechen sollen.

41. Der Lehrende beginnt mit eng zusammengehaltenen Händen (leise) die Lautstärke eines mehrmals zu sprechenden Namens zu zeigen. Die Hände werden langsam immer weiter auseinandergehalten (cresc.), das Wort wird immer lauter gesprochen.

V: Ein Wort wird laut begonnen und bei den Wiederholungen langsam leiser gesprochen (decresc.). — Anstatt des gesprochenen Wortes wird geklatscht, gestampft, geklopft. — Das einzelne Wort wird zu einem kurzen Satz erweitert, der ebenso im cresc. und decresc. gesprochen und gezeigt wird.

A: Sätze verwenden, die sich „rhythmisch" sprechen lassen, also z. B.: „Blaue Beeren ess' ich gern...").

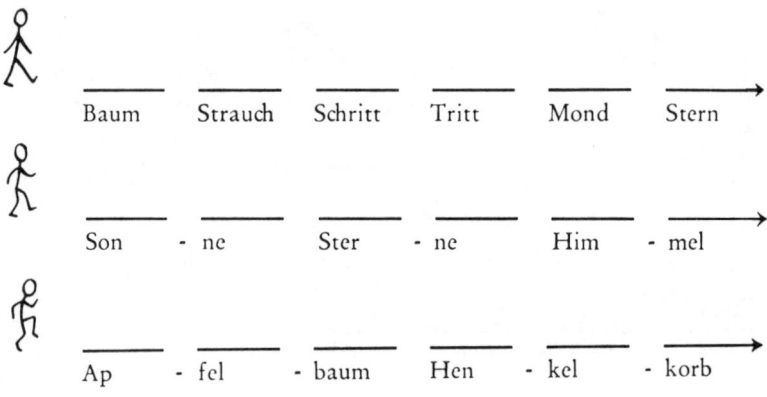

Abb. 16

42. (Abb. 16) Ein- und zweisilbige Wörter werden gesprochen (bei welchem Wort kann man nur einen — nur zwei Schritte gehen?). Erweitern bis zu drei- und viersilbigen Wörtern.

V: Zum Sprechen der Wörter wird geklatscht, gegangen, gestampft. — Wer kann gehen und dazu im Gleichmaß immer ein Wort sprechen? — Wer kann bei jedem Schritt ein neues ein- bzw. zwei- oder dreisilbiges Wort erfinden? — Wer kann gehen und nacheinander 10 zwei- oder dreisilbige Wörter sprechen, ohne dabei ein Wort zu wiederholen?

43. Die Kinder haben die Augen geschlossen und klatschen eine vorgeklatschte Folge nach, in der abwechselnd laut und leise geklatscht wird. (Z. B.: Laut — laut — leise — laut usw.) Die Kinder klatschen die Folge einzeln, später gemeinsam in der Gruppe nach!

44. Die Kinder haben die Augen geschlossen und klatschen einen gegebenen Rhythmus — lange und kurze Notenwerte — nach. (Z. B.: Kurz — kurz — lang usw.)
V: Ein Kind gibt den anderen solche Aufgaben unter Verwendung von laut und leise, schnell und langsam.

45. Ein Ton wird gespielt. Wer hört diesen Ton am längsten? Wer kann sich so dazu bewegen, daß die Bewegung genauso lange dauert, wie der Ton gehört wird?

46. Sitzkreis. Ein kurzes rhythmisches Motiv wird geklatscht (z. B.: kurz — kurz — lang), das Nachbarkind wiederholt dieses Motiv, das nächste Kind ebenso usf.
V: Ein kurzes Motiv wird vorgeklatscht, nachgeklatscht und ein neues hinzugefügt. Dieses neue Motiv wird dann an das nächste Kind weitergegeben.

47. Sitzkreis. Ein Kind nach dem anderen klatscht nur einmal in die Hände; diese „Klatschkette" soll ohne Unterbrechung im rhythmischen Gleichmaß im Kreis herumgehen.
V: Mit geöffneten und geschlossenen Augen.

48. Die Kinder sitzen mit geschlossenen Augen am Boden. Ein Kind geht, eine eigene Melodie singend, zwischen den anderen Kindern umher und bleibt vor einem beliebigen Kind stehen. Dieses darf singend weitergehen und sich wiederum ein Kind zum Ablösen aussuchen.

49. Die Musik gibt ein bestimmtes Schrittmaß an. Endet die Musik, gehen die Kinder in demselben Maß weiter.
A: *Diese Aufgabe erfordert eine starke Konzentrationsfähigkeit, da das Schrittmaß ohne die Musik selber gehalten werden muß.*

50. Die Kinder gehen zur Musik frei im Raum. Alle sehen ein bestimmtes Kind an und lassen es während des Gehens nicht aus den Augen. Nach einiger Zeit wird ein anderes Kind bestimmt.
A: *Es ist darauf zu achten, daß kein Kind während des Gehens ein anderes oder einen Gegenstand im Raum anstößt, ebenso darf das Schrittmaß nicht verändert werden!*

Abb. 17

51. (Abb. 17) Ein Kind geht singend langsam durch den Raum, die anderen folgen ihm vorsichtig gehend mit geschlossenen Augen.
V: Ein Kind geht singend durch den Raum, die anderen zeigen stehend mit der Hand die Schrittrichtung des singenden Kindes.

Abb. 18

52. (Abb. 18) Ein Kind steht vor einem von allen Kindern stehend gebildeten Halbkreis. Das Kind, welches angesehen wird, geht aus dem Halbkreis auf das davorstehende Kind zu und geht rückwärts genau auf seinen Platz zurück.
V: Die Kinder im Halbkreis haben die Augen geschlossen und werden mit ihrem Namen angerufen.

GEHÖRBILDUNG

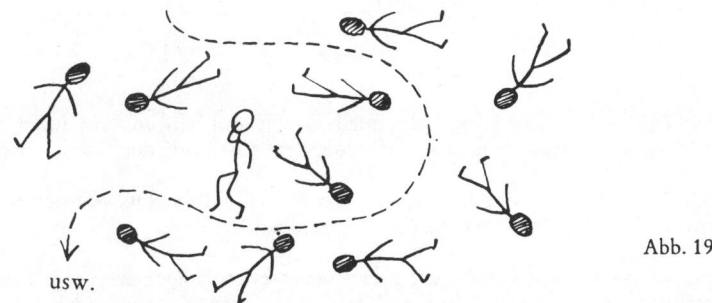

Abb. 19

53. (Abb. 19) Rückenlage, Augen geschlossen. Die Kinder lauschen auf alle Geräusche innerhalb und außerhalb des Raumes.
V: Wer kann hören, wie oft oder wie laut bzw. leise geklatscht wurde? Wer kann hören, wenn jemand durch den Raum geht? Wer kann diesen Weg beschreiben oder nachgehen?

54. Rückenlage, Augen geschlossen. Ein Lied wird leise gesungen oder gespielt. Wer kennt das Lied? Wer kann es nachsingen oder etwas darüber erzählen?

55. Rückenlage, Augen geschlossen. Ein Ton wird gesungen oder gespielt; die Kinder stehen dazu langsam auf und bewegen sich so lange, wie sie den Ton hören können. Ebenso legen sie sich bei einem Ton auf den Boden.

56. Die Kinder versuchen, ihren eigenen Schritt beim Gehen zu hören.
A: Diese Aufgabe zwingt zu absoluter Stille! Es muß darauf geachtet werden, daß über der Gehörübung nicht die gute Raumaufteilung beim Gehen vernachlässigt wird.

57. Bei geschlossenen Augen werden näher kommende bzw. sich entfernende Schritte gehört.

58. Ein Kind verläßt leise den Raum, die anderen horchen mit geschlossenen Augen auf die Geräusche, die dabei entstehen.
V: Andere Tätigkeiten werden von einem Kind ausgeführt. Wer kann sich dabei am leisesten bewegen?

Abb. 20

59. (Abb. 20) Ein Kind geht durch den Raum, ein anderes folgt ihm mit geschlossenen Augen, indem es sich nach dem Geräusch der Schritte richtet.

60. Man läßt verschiedene Geräte zu Boden fallen. Die Kinder raten bei geschlossenen Augen den jeweiligen Gegenstand.

61. Stirnkreis, ein Kind steht mit geschlossenen Augen im Kreis. Ein Lied wird gesungen, zu dem das Kind im Kreis herumgeht. Kommt es beim Gehen einem der Kinder im Kreis zu nahe, so wird es durch Klatschen vor dem Anstoßen gewarnt.

62. Stirnkreis, Augen geschlossen. Ein Kind geht mit geöffneten Augen singend im Kreis herum, die anderen zeigen mit der Hand in die Richtung, in der sich das singende Kind befindet.

63. Ein Kind wird — ohne es anzufassen — mit geschlossenen Augen durch den Raum geführt, indem man wiederholt leise seinen Namen ruft.

64. Hoch — tief. Die Unterscheidung von hohen und tiefen Tönen kann auf verschiedene Art geübt werden, z. B.:
Welche Tiere geben hohe Töne von sich? Welche Tiere (Menschen, Instrumente) haben eine tiefe Stimme? — Hoch und tief werden mit der Hand gezeigt. — Der

Abb. 21

Abb. 22

Körper folgt den hohen und tiefen Tönen der Musik in der Bewegung. — Wer kann sich am tiefsten an den Boden drücken, wer sich am höchsten in die Luft strecken? — Eine Melodie wird gespielt, die am Schluß entweder mit einem tiefen oder hohen Ton endet, die Kinder bewegen sich entsprechend. — Stirnkreis, Hände gefaßt. Die Hände bilden jetzt für sich einen Kreis, der den hohen und tiefen Tönen einer Melodie folgt. Ebenso kann ein Kreis aus Füßen oder Köpfen gebildet werden.

65. (Abb. 21 und 22) Die Kinder singen und zeigen selber hoch und tief.
V: Bewegungsfolgen: Es werden z. B. vier Töne gespielt: hoch — hoch — tief — hoch. Die Kinder hören die Folge und führen sie in der Bewegung des ganzen Körpers aus. — Die Bewegungsfolge wird dem Kind bei geschlossenen Augen mit einem Finger in die Innenfläche der Hand gezeigt. Die Aufgabe kann erweitert werden durch das Hören des „mittleren" Tones, der zwischen dem tiefen und dem hohen Ton liegt. — Die Bewegungsfolgen können mit der Hand in die Luft gezeigt, gesungen, gespielt und an die Tafel gezeichnet werden.
A: *Die Bewegungsfolge sollte zuerst gesehen, gespürt oder gehört und dann ausgeführt werden.*

66. Bei einem hohen bzw. tiefen Ton stehen die Kinder auf einem bestimmten Platz.
V: Bei einem bestimmten Ton hocken, liegen, sitzen die Kinder.

67. Es werden zwei Gruppen gebildet. Die eine Gruppe läuft, wenn die Musik hohe Töne spielt, die andere läuft bei den tiefen Tönen.
V: Zwei Gruppen laufen im Wechsel von viertel und halben Notenwerten.

Dur

Es tanzt ein Bi- Ba- Butzemann in unsrem . . .

Moll

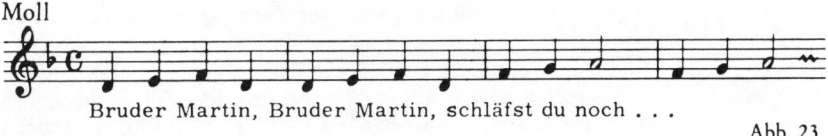

Bruder Martin, Bruder Martin, schläfst du noch . . .

Abb. 23

68. (Abb. 23) Zwei verschiedene Lieder (eines in Dur, das andere in Moll) werden gesungen oder gespielt. Welches Lied klingt traurig, welches lustig?
Wer kann noch andere Lieder in Dur oder Moll nennen?

69. Einfache, kurze rhythmische und musikalische Motive werden nachgeklatscht, nachgesungen oder nachgegangen.

70. Die Kinder lernen, Geräusch und Ton zu unterscheiden (z. B. klatschen — singen).

71. Die Kinder werden mit den Klangfarben der verschiedenen Instrumente vertraut gemacht (Flöte, Klavier, Triangel, Xylophon, Tamburin usw.). Wer kann mit geschlossenen Augen durch Hören die verschiedenen Instrumente erraten?
A: *Die Kinder sollen den jeweiligen Ton des Instrumentes ruhig und oft hören und ihn seiner Klangfarbe und Eigenart nach beschreiben können.*

72. Die Kinder erraten verschiedene Geräusche, die sie sich selber ausdenken und ausführen (klatschen, klopfen, stampfen, zischen, kratzen usw.).

73. Es werden Tiere mit charakteristischen Schrittarten dargestellt.
V: Ein Tier wird von einem Kind dargestellt, von den anderen erraten und nachgeahmt. — Mit geschlossenen Augen wird die Schrittart eines Tieres gehört und nachgeahmt.
A: *Die Schrittarten der Tiere müssen charakteristisch sein!*
   Aus dieser Aufgabe läßt sich eine ganze „Zirkusstunde" entwickeln!

74. Die Geräusche des Klatschens, Auf-den-Boden-Stampfens usw. werden in allen Variationen ausprobiert. Im Klatschen der Hände liegen die verschiedensten Möglichkeiten der Klangschattierungen, wenn man die Handfläche von den Fingerspitzen bis zu den Daumenballen richtig ausnutzt.

Abb. 24

75. (Abb. 24) Die Kinder stehen im Raum. Es wird ein Takt einer Melodie vorgespielt, der sofort danach von den Kindern nachgegangen wird. Es folgt wieder ein vorgespielter Takt, den die Kinder nachgehen, usf.
A: *Diese Aufgabe erfordert hohe Konzentrations- und Hörfähigkeit.*
   Die nachgegangenen Takte müssen genau im Taktmaß der vorgespielten Melodie bleiben.

76. Verschiedene Sitzarten werden als Gedächtnisfolge aufgegeben, z. B.: „Wenn die Musik aufhört zu spielen, sitzen alle zuerst im Schneidersitz, dann in der Hocke und zuletzt im Froschsitz." Welches Kind stellt selber solche Aufgaben?
V: Erweiterung durch musikalische Motive zu bestimmten Körperhaltungen, zum Beispiel:

halbe Note = Langsitz   tiefer Ton = Liegen auf dem Bauch
Dreiklang = Schneidersitz   hoher Ton = mit gestreckten Armen stehen

Dazu kommen bestimmte Stellungen im Raum. Diese Aufgabenketten können mit und ohne Musik erarbeitet werden. Es wird mit einer Position begonnen, die sich bis zu 10 und mehr verschiedenen Stellungen nacheinander steigern kann (z. B. 1. Stehen aller Kinder im Kreis, 2. Bauchlage im Kreis, 3. Laufen zum Fenster, 4. Stehen auf dem eigenen Stuhl, 5. Sitz vor dem Stuhl am Boden, 6. Klatschen in die Hände, 7. Stehen mit dem Gesicht zu einer Wand).

GEDÄCHTNISÜBUNGEN

77. Jedes Kind merkt sich einen bestimmten Platz im Raum.
V: Ein Kind beschreibt seinen Platz, die anderen versuchen, ihn zu erraten. — Alle Kinder sitzen auf ihren Plätzen am Boden und merken sich den Platz ihrer Nachbarn. Mit geschlossenen Augen beschreiben sie dann die Plätze der anderen Kinder. — Auf einen Zuruf (Klatschen, Phrasenende der gespielten Melodie usw.) wechseln die Kinder ihre Plätze aus. Mit geschlossenen Augen zeigen sie mit der Hand auf ihren alten Platz und gehen mit geöffneten oder geschlossenen Augen zu ihrem ersten Platz zurück. — Die Kinder wechseln ihre Plätze, ein Kind setzt alle anderen auf ihre ursprünglichen Plätze.

78. Sitz, Augen geschlossen. Der Rhythmik- bzw. Gymnastikraum soll genau beschrieben werden.
A: Diese Übung sollte längere Zeit hindurch so oft wiederholt werden, bis alle Kinder den Raum genau kennen und ihn in geordneter sprachlicher Form beschreiben können.

79. Für verschiedene Körperhaltungen (z. B. Sitz — Stand — Gehen) werden mit den Kindern gemeinsam verschiedene Klatschmotive ausgedacht. (' = 1mal klatschen.) Z. B.: Sitz ' Stand " Gehen '". Es lassen sich Aufgabenketten stellen ('" ' '" = Gehen — Sitz — Gehen), die der Lehrende und später die Kinder selber geben.

80. Verschiedene Berufe (Bäcker, Maler, Polizist usw.) werden aufgezählt. Wer kann einen dieser Berufe darstellen oder beschreiben? Die anderen versuchen, die dargestellte Person zu erraten.
V: Der Lehrende beschreibt am Anfang der Stunde einen bestimmten Beruf. Wer kann am Ende der Stunde diese Person nachbeschreiben oder darstellen?

81. Jedes Kind darf sich einen bestimmten Weg im Raum suchen und ihn ausgehen.
V: Der Weg jedes Kindes wird beschrieben, an die Tafel gezeichnet, mit geschlossenen Augen gezeigt. — Alle Kinder gehen den Weg eines bestimmten Kindes. — Können alle Kinder gleichzeitig ihren Weg gehen, ohne sich gegenseitig zu stören? — Wer kann sich seinen Weg über mehrere Stunden hinaus merken?

82. Alle Kinder sitzen am Boden auf einem bestimmten Platz. Ein Kind darf sich bei jedem Phrasenende der Musik ein anderes Kind holen, bis alle hinter ihm in einer Schlange laufen. Sind alle Kinder geholt, werden sie von dem Anführer der Schlange genauso wieder an ihre richtigen Plätze gesetzt!

83. Wer kann nicht nur Melodien hören und behalten, sondern auch Wörter und kurze Sätze? Kurze Wortgruppen werden vor- und nachgesprochen.
V: Daraus kann ein Spiel entstehen, z. B.: Sitzkreis, ein Kind spricht zu seinem Nachbarn einen kurzen Satz, der wiederholt ihn und denkt sich seinerseits einen neuen Satz für seinen nächsten Nachbarn aus usf. Wer sich verspricht oder keinen neuen Satz weiß, scheidet aus!
Diese Aufgabe kann mit offenen oder geschlossenen Augen ausgeführt werden.

SCHULUNG DER REAKTIONSFÄHIGKEIT

Abb. 25

84. (Abb. 25) Für bestimmte Aufgaben setzt man bestimmte musikalische Formen fest, die während der ganzen Unterrichtszeit beibehalten werden. Es ist gut, den Kindern (besonders den kleinen) einen festen Anhaltspunkt in Form eines eigenen Platzes in dem anfangs meist unbekannten großen Unterrichtsraum zu geben. Deshalb bringt jedes Kind seinen Stuhl aus dem Klassenzimmer in den Unterricht mit. Die Stühle können in jeder Stunde anders stehen (in einer Reihe jeweils an den verschiedenen Wänden, im Kreis usw.), aber jedes Kind behält seinen eigenen Stuhl bzw. Platz während der ganzen Unterrichtsstunde bei. Die Signale „Alle Kinder setzen sich" und „Alle Kinder kommen her" werden zuerst gesungen, damit die Kinder wissen, was sie tun sollen. Später kann die kurze Melodie auch auf der Flöte oder dem Klavier gespielt werden, da die Kinder schnell das musikalische Motiv erkennen.

85. Stirnkreis. Alle gehen bei gemeinsamem Singen; bei einem Zuruf oder bestimmtem Zeichen wird die Schrittrichtung sofort gewechselt.

86. Gehen zur Musik. Hört die Musik auf zu spielen, bleiben alle sofort stehen.
V: Jeder bleibt genau in der Haltung stehen, in der er sich gerade befand, als die Musik aufhörte. Wer wackelt oder sich noch bewegt, muß ausscheiden! — Beim Ende der Melodie stehen alle in einer vorher bestimmten Haltung (auf einem Bein, mit ausgebreiteten Armen usw.).
A: *Diese Übung sollte in keiner Rhythmikstunde fehlen, da sie nicht nur schnelle Reaktionsfähigkeit erfordert, sondern auch den Gehör- und Konzentrationssinn der Kinder schult.*

Abb. 26

87. (Abb. 26) Führen und Folgen zu zweit: Zwei Kinder stehen sich gegenüber, die Hände sind leicht gefaßt. Ein Kind ist das führende, das andere folgt seinen Bewegungen im Gehen, Hinsetzen, Hinlegen usw.
V: Das geführte Kind hält die Augen geschlossen. — Die Kinder stehen Rücken an Rücken, ein Kind ist das führende usw., s. o. — Die Führung des einen Kindes

Abb. 27

wird bei einem Zuruf oder dem Wechsel musikalischer Motive an das geführte Kind abgegeben. — Die Kinder wechseln sich selbständig in der Führung ab.

88. (Abb. 27) Gehen ohne Musik. Spielt die Flöte oder das Klavier, bleiben alle sofort stehen. Erst wenn die Melodie zu Ende gespielt ist, dürfen die Kinder wieder gehen.

A: *Da es vielen Kindern schwerfällt, zur Musik n i c h t zu gehen, sollte diese Aufgabe oft und langsam gearbeitet werden.*

89. Zwei Kinder stehen voreinander, ohne sich zu berühren, und sehen sich an. Ein Kind führt das andere nur mit dem Blick.

A: *Das gut führende Kind wird von selber alle die Bewegungen mitmachen, in die es das folgende Kind führen will.*

90. Sitzkreis. Ein Kind singt eine eigene Melodie. Bei Phrasenende der Melodie (selber hören lassen!) singt ein anderes Kind weiter.

A: *Die Kinder sollen zum Singen nicht aufgefordert oder bestimmt werden, sondern sich selber singend in die Melodie einfügen, die sie weiterführen sollen. Diese Übung eignet sich nur für Kinder, die schon länger Rhythmikunterricht haben. Der Begriff der Phrasierung muß körperlich vorgearbeitet sein!*

91. Bei bestimmten musikalischen Motiven gehen einmal nur die blonden, dann nur die dunkelhaarigen Kinder.

V: Es gehen abwechselnd die Großen oder die Kleinen, die Jungen oder die Mädchen.

92. Die Kinder folgen in ihrer Bewegung dem Wechsel der Musik.

V: Die Musik und die Gruppe richten sich nach den Bewegungen eines bestimmten Kindes.

A: *Diese Aufgabe — das Gehen, Laufen, Hüpfen, Springen usw. zur Musik — sollte am Anfang jeder Stunde stehen, weil sie die Kinder in eine gemeinsame Tätigkeit einordnet und ihnen Gelegenheit gibt, ihrem natürlichen Bewegungstrieb nachzugeben.*

93. Gehen zur Musik. Auf einen Zuruf reagieren die Kinder sofort mit bestimmten Bewegungen, z. B.: Auf den Zuruf „hopp" liegen alle auf dem Rücken — stehen alle vor der Tür — gehen alle in einer anderen Richtung weiter usw.

94. Die Klasse wird in zwei Gruppen geteilt. Die eine Gruppe klatscht stehend ein Grundmaß, nach dem die andere Gruppe sich gehend bewegt. Auf einen Zuruf oder ein Zeichen wechseln sich die Gruppen ab.

95. Stand. Ein ruhiges Grundmaß wird geklatscht. Hört das Klatschen auf, so wird der Schlagrhythmus von den Füßen gehend weitergeführt. Hände und Füße wechseln sich also in der Bewegung ab, wobei das rhythmische Grundmaß nicht verändert werden darf.

V: Die Bewegung Hand — Fuß wird selbständig gewechselt. — Die Bewegung Hand — Fuß wird bei Zuruf oder bei dem Wechsel musikalischer Motive abgelöst.

96. (Abb. 28) Gehen zur Musik. Die Melodie setzt einen Takt lang aus, diese Zeit füllen die Kinder mit einer frei erfundenen Bewegung aus.

A: *Die Bewegung muß also in ihrer Größe und zeitlichen Länge so gewählt werden, daß sie genau in die Länge eines Taktes hineinpaßt.*

z. B.

Gehen   langsames Gehen

Abb. 28   Drehen

SCHULUNG DER IMPROVISATION

97. Auf welche verschiedene Arten können sich unsere Füße bewegen? (Gehen, wandern, laufen, hüpfen, hopsen, springen, marschieren, galoppieren, schlendern, schreiten, stolzieren, trippeln, stampfen, eilen, hinken, hoppeln, trampeln, rennen, stolpern, taumeln, auf den Zehenspitzen oder auf den Hacken laufen usw.)
Auf welche verschiedene Arten können wir mit den Händen Geräusche erzeugen? (Klatschen, klopfen, streichen, kratzen, schlagen, beim Klatschen können wir auf die Fingerspitzen, den Daumenballen, die Handmitte usw. schlagen.)
Auf welche verschiedene Arten können wir singen? (Hoch, tief, laut, leise, schnell, langsam, weich, rauh.) Außerdem können wir sprechen, flüstern, schreien, krächzen, weinen, lachen usw.
Auf welche verschiedene Arten können wir uns mit unserem Körper auf dem Boden fortbewegen? (Kriechen, robben, schieben, stoßen, krabbeln, schlängeln usw.)
Auf welche verschiedene Arten können wir sitzen (Schneidersitz, Hocke, Kniesitz, Langsitz, Halbsitz, Froschsitz)? Wir machen daraus ein Spiel: Nacheinander setzen wir uns zu einem großen Kreis, wobei jeder eine neue Sitzart finden muß. Jedem Sitz geben wir einen Namen, an dem man ihn erkennt.
Auf welche verschiedene Arten können wir liegen? (Auf dem Rücken, auf dem Bauch, auf der Seite, gekrümmt, gestreckt, zusammengerollt, entspannt usw.)

98. Die Kinder gehen zur Musik. Jedes Kind darf sich eine neue Schrittart ausdenken, die aber in den Takt der Melodie hineinpassen muß.
V: Die Kinder klatschen oder stampfen im Gleichmaß zur Melodie.

99. Eigene kurze Melodien werden von den Kindern auf einem Instrument, singend oder pfeifend improvisiert.

Abb. 29

100. (Abb. 29) Die Gruppe der Kinder klatscht einen gleichbleibenden, sich immer wiederholenden Rhythmus (Ostinato). Ein einzelnes Kind improvisiert klatschend darüber einen eigenen Rhythmus.
V: Der ostinate Rhythmus wird gesprochen, gestampft, geklopft; die improvisierende Oberstimme wird gesungen oder ausgegangen.
A: Diese Aufgabe kann erst mit Kindern gearbeitet werden, die ein musikalisches Grundmaß sicher halten können.

101. Der Lehrende improvisiert kurze Melodienabläufe, nach denen sich die Kinder frei bewegen können.
A: Es fällt den meisten Kindern schwer, eigene Bewegungen zu einer Melodie zu finden. Vor allen Dingen muß der Lehrende selber rhythmisch und gelöst improvisieren können, um den Kindern das notwendige freie Bewegungsgefühl zu übermitteln.

102. Die Kinder stehen zu zweit. Ein Kind klatscht einen kurzen rhythmischen Ablauf mit den Händen, das andere Kind bewegt sich danach. Hört das erste Kind zu klatschen auf, so führt das zweite Kind das Klatschen fort, und das erste Kind bewegt sich danach.
V: Ein Kind singt, das andere bewegt sich danach, und umgekehrt.

103. Während des Gehens zur Musik werden bestimmte, immer wiederkehrende Motive gespielt, nach denen die Kinder entsprechende, stets beibehaltene Bewegungen erfinden. So bedeutet z. B. ein tiefer Ton während des Gehens: Alle setzen sich einmal ganz schnell auf den Boden! Zwei hohe Töne bedeuten: Wir stellen uns einmal hoch auf die Zehenspitzen usw.

104. Zur Improvisation gehören auch alle Spiele, die sich aus dem gesungenen Lied entwickeln. Hierbei sollte der Phantasie der Kinder weitgehend Rechnung getragen werden und der Lehrende die vorgeschlagenen Anregungen nur ordnen. Aus vielen Liedern (Hänsel und Gretel ... Ein Männlein steht im Walde ... Dornröschen ... Das wilde Tier ... Der rote Falter ... usw.) lassen sich improvisierte Spiele entwickeln, welche die Kinder erfahrungsgemäß mit großer Freude darstellen. Außerdem wird im darstellenden Spiel dem Lehrenden die Möglichkeit gegeben, die verschiedenen Temperamente unter den Kindern auszugleichen: Das zu vorlaute Kind läßt man z. B. einmal eine kleine Rolle spielen, während man dem schüchternen Kind Gelegenheit gibt, in einer größeren Rolle aus der Gemeinschaft der anderen hervorzutreten.

105. Handelt es sich beim Rhythmikunterricht um Klassen, wo zu Beginn jeder Stunde die Kinder aufgerufen werden müssen, so läßt sich aus dieser Notwendigkeit leicht ein Spiel machen, z. B.:
Das Kind, welches aufgerufen wird:
... läuft einmal schnell zu mir her und wieder zurück auf seinen Stuhl (es hüpft, kriecht, krabbelt, läuft vor- und rückwärts, geht auf Zehenspitzen usw.) —
... schlägt einen Purzelbaum — ... klatscht 1-, 2-, 3mal in die Hände —
... schnalzt mit der Zunge — ... läuft wie ein Tier, das es sich ausdenkt —
... sagt ganz leise (ganz laut) seinen Namen — ... stellt sich auf ein Bein —
... sitzt im Schneidersitz (Hocke, Halbsitz) — ... singt einen Ton — ... liegt auf dem Bauch oder dem Rücken — ... stellt sich auf seinen Stuhl — ... denkt sich selber eine Bewegung aus usw.

ARBEITSBEISPIELE MIT GERÄT

Die Geräte sind auf Seite 55 beschrieben.

SCHULUNG DES ORDNUNGSSINNES

106. Mehrere Geräte liegen im Raum am Boden verstreut. Jeweils nur ein Kind holt sich ein Gerät.
V: Die Kinder stehen von ihren Stühlen auf und holen sich der Reihe nach je ein Gerät. — Das Kind, welches angesehen wird, holt sich ein Gerät. — Die Kinder haben die Augen geschlossen und werden leise bei ihrem Namen gerufen, oder ein Flötenton wird dicht bei ihrem Platz gespielt. — Ein Kind tritt an die Stelle des Lehrenden und bestimmt ein anderes Kind. — Bei einem hohen Ton der Flöte holt sich ein Mädchen, bei einem tiefen Ton ein Junge ein Gerät usw.

107. Mehrere Geräte werden am Boden verteilt. Beim Laufen, Springen, Hüpfen, Kriechen oder Schleichen zur Musik darf niemand an die Geräte stoßen.
V: Die Kinder gehen rückwärts oder mit geschlossenen Augen zwischen den Hindernissen hindurch. — Die Kinder steigen über die Hindernisse hinweg oder kriechen unter ihnen durch (Stuhl), ohne sie zu berühren.

108. Wir stellen eine Hölzchenreihe auf, wobei die Hölzchen so weit voneinander entfernt stehen, daß man gut einen Fuß dazwischen setzen kann. Wenn die Flöte bzw. ein anderes Instrument spielt, laufen alle so im Raum, daß kein einziges Hölzchen umfällt. Hört das Instrument zu spielen auf, steht jedes Kind bei seinem eigenen Hölzchen in der Reihe.
V: Wer kann über die Hölzchenreihe vorwärts oder rückwärts gehen, laufen, hüpfen, kriechen usw.? — Wer steigt vorsichtig und langsam mit geschlossenen Augen über die Hölzchen hinweg?

109. Sitzkreis, jedes Kind bekommt ein Schlaginstrument (je zwei Schlaghölzchen, ein Tamburin, eine Schüttelbüchse usw.). In einem bestimmten Rhythmus schlagen bzw. schütteln die Kinder nacheinander je einmal ihr Gerät. Diese rhythmische Schlagkette soll so klingen, als ob sie von einer Person ausgeführt würde.

110. (Abb. 30) Jedes Kind hat ein Hölzchen, bei Phrasenende der Musik wird das Hölzchen vorsichtig auf den Boden gestellt.

V: Die Hölzchen werden bei Phrasenende in einer Reihe, einem Kreis, einem Halbkreis aufgestellt. — Statt der Hölzchen bekommen die Kinder eine Schüttelbüchse oder einen Ball.

A: *Die Begriffe Kreis, Reihe, Halbkreis müssen für diese Aufgabe schon erarbeitet sein.*

Abb. 30

SCHULUNG DES GEMEINSCHAFTSSINNES

111. Mehrere Reifen liegen am Boden. An jedem Reifen spielen drei bis vier Kinder: Ein Ball wird gemeinsam im Reifen herumgerollt.
V: Der Ball wird mit der rechten, der linken Hand — dem rechten, dem linken Fuß gerollt. — Bei einem bestimmten Zuruf oder dem Ablauf einer gespielten Melodie rollt der Ball in die entgegengesetzte Richtung.

112. Jedes Kind erhält einen Ball. Wer kann zur Musik gehen und den Ball im Takt der Melodie mit den Füßen bewegen?
V: Während des Gehens wird der Ball von einer Hand in die andere gegeben. — Er wird auf den Boden geprellt. — Er wird in die Luft geworfen. — In zwei Gruppen: Jede Gruppe hat eine andere Ballbewegung. Die eine prellt den Ball z. B. auf den Boden, die andere wirft ihn in die Luft. — Oder die eine Gruppe wirft den Ball mit der linken, die andere mit der rechten Hand in die Luft usw. Die beiden Gruppen können gleichzeitig oder im Wechsel gehen und den Ball bewegen. — Ein Kind bestimmt den Schritt- bzw. Schlagrhythmus des Balles, die anderen richten sich im Gehen und in der Ballbewegung danach. Hört das einzelne Kind auf zu gehen bzw. den Ball zu bewegen, so wird das von den anderen sofort nachgeahmt. — Wechsel zwischen der Bewegung des Balles und dem Gehen der Füße. Wird der Ball geworfen (geprellt), so stehen die Füße still und umgekehrt. — Alle prellen ihren Ball um den eigenen Körper. Können dabei alle zusammen anfangen und aufhören? Diese Aufgabe wird im Stehen, im Knien, im Sitzen, im Hocken, im Stehen auf einem Bein usw. ausgeführt.

A: Wichtig bei allen diesen Aufgaben ist das genaue Einhalten des gemeinsamen Grundmaßes, das vom Klavier oder der Flöte (Tamburin) kurz und prägnant gegeben wird.

113. Jedes Kind hat einen Ball, den es nach Belieben balancieren, rollen oder werfen kann. Der Ball darf aber nicht den Boden berühren! Wessen Ball bleibt dauernd in Bewegung und fällt trotzdem nicht zu Boden?
V: Der Ball wird auf dem Handrücken balanciert, auf dem Kopf getragen, über den Arm oder die Hand gerollt.

114. Vier Kinder tragen vorsichtig einen Stuhl, auf dem ein Ball liegt. Welche Gruppe bringt ihren Ball sicher durch den ganzen Raum, ohne ihn fallenzulassen?
V: Wer kann zu den hohen oder tiefen Tönen der Flöte den Ball auf dem Stuhl hoch oder tief tragen?

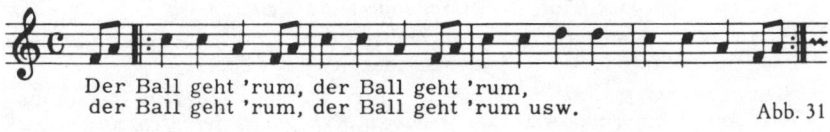

Der Ball geht 'rum, der Ball geht 'rum,
der Ball geht 'rum, der Ball geht 'rum usw.

Abb. 31

115. (Abb. 31) Ballspiele im Kreis: Wir stehen in einem engen Stirnkreis, die Hände auf dem Rücken. Ein Kind steht in der Mitte des Kreises, ein Ball wan-

dert außen um den Kreis herum. (Man muß dabei gut aufpassen, weil man den Ball beim Weitergeben ja nicht sehen, sondern nur mit den Händen fühlen kann!) Das Kind in der Mitte muß versuchen, den Ball zu finden. Ein gesungener improvisierter Ruf kann dieses Spiel begleiten.

Abb. 32

116. (Abb. 32) Ballspiele zu zweit: Zwei Kinder bekommen einen Ball. Sie spielen mit dem Ball, indem sie ihn werfen, rollen, prellen, drehen usw.
V: Zwei Kinder bekommen zwei Bälle und spielen gemeinsam damit.
A: *Für die geschickteren Kinder ergeben sich hierbei Möglichkeiten, den bewegungsmäßig schwächeren Kindern im Spiel zu zweit zu helfen. Sie werden während des Spiels bald von selber vom Stehen zum Sitzen, zum Liegen auf dem Bauch, dem Rücken oder zum Hocken kommen.*

117. Stirnkreis. Singend wird ein Ball von einem zum anderen weitergegeben.
V: Zwei, drei und mehr Bälle werden singend im Kreis herumgegeben. — Bei Phrasenende des gesungenen Liedes wird der Ball in die entgegengesetzte Richtung weitergegeben. — Während der Ball herumgegeben wird, setzen sich alle im Kreis Stehenden langsam zu Boden und stehen wieder auf, ohne die Bewegung des Balles zu unterbrechen.
A: *Zu diesem Spiel eignen sich vorwiegend Lieder, deren Melodie zügig vorangeht, z. B. „Im Märzen der Bauer..." oder: „Alle Vögel sind schon da...", „Das Wandern...".*

118. Stirnkreis. Ein Kind läuft mit einem Ball außen um den Kreis herum; wo es den Ball fallen läßt, läuft das betreffende Kind weiter.
V: Das einzelne Kind geht ruhig singend um den Kreis herum und gibt beim Abbrechen des Singens den Ball einem anderen Kind weiter.
A: *Durch besonders deutlich phrasierte Lieder kann man die Kinder auch darauf aufmerksam machen, daß bei einem Ruhepunkt der Melodie der Ball sich auch einen Ruhepunkt suchen will. Das heißt, das Kind mit dem Ball bleibt stehen und gibt ihn bei Beginn der nächsten Phrase weiter. Manche Kinder reagieren schon von selbst auf das Ende einer Phrase!*

119. Stirnkreis. Der Ball wird von einem zum anderen gerollt.
V: Der Ball wird gerollt: mit der rechten oder der linken Hand, gleichzeitig mit beiden Händen — mit einem Fuß — mit dem Ellenbogen — unter den aufgestellten Knien hindurch — in der Bauchlage unter dem Bauch hindurch usw. — Auf den Zuruf „hopp" wechselt der Ball sofort die Richtung. Das „Hopp" kann zuerst der Lehrende, dann ein Kind sagen.

120. Stirnkreis. Der Ball wird im Kreis herum und durch den Kreis hindurch geworfen. Ein Kind, dessen Name leise gerufen wird, bekommt den Ball. Wer beim Werfen des Balles vergißt, den Namen zu rufen, oder sich verspricht, muß aus dem Spiel ausscheiden!
A: Die Kinder verhalten sich still, damit sie den Namen verstehen; sie müssen schnell reagieren und geschickt fangen können.

121. Stirnkreis. Ein Kind steht in der Mitte und versucht, den Ball zu fangen, der über seinen Kopf hinweg durch den Kreis hin und her geworfen wird. Fängt es den Ball, so kommt das Kind, das den Ball geworfen hatte, in den Kreis.
V: Der Ball wird nicht geworfen, sondern durch den Kreis hin und her gerollt.

122. Stirnkreis. Jedes Kind hat einen Ball. Alle werfen die Bälle zur gleichen Zeit einmal in die Luft, fangen sie auf und legen sie vor die eigenen Füße auf den Boden. Dann merken sie sich den Platz ihres Balles und gehen zu dem Ball des linken (rechten) Nachbarn weiter. Nun werfen sie dessen Ball in die Luft, fangen ihn auf, legen ihn vor ihre Füße usw. Wer merkt es, wann er wieder vor seinem eigenen Ball steht?
V: Die Bewegungen des Balles können variiert werden, z. B.: Hochwerfen, aufprellen, einmal mit dem Ball in der Hand herumdrehen, Ball zu Boden legen, einmal in die Hände klatschen, zum Nachbarball gehen usw.
A: Alle Bewegungen sollen gemeinsam ausgeführt werden. Die geschickteren Kinder müssen warten, bis auch das langsamste Kind mit seinem Bewegungsablauf fertig ist!

Abb. 33

123. (Abb. 33) Zwei Kinder stehen sich gegenüber und halten je zwei Zipfel eines Tuches in den Händen. In dem Tuch liegt ein Ball, der gemeinsam hochgeworfen, aufgefangen oder gerollt wird, ohne daß er aus dem Tuch herausfällt.

124. Ein Reifen wird gemeinsam von mehreren Kindern gehalten. Die Töne einer Melodie steigen hoch und tief, der Reifen folgt in die Höhe und die Tiefe.

125. Auf einem Reifen liegt ein Gegenstand (ein Hölzchen, eine Schüttelbüchse usw.). Der Reifen wird gemeinsam durch den Raum getragen. Der Gegenstand darf nicht herunterfallen.

A: Hierbei lernen die Kinder, sich den Bewegungen anderer anzupassen und aufeinander Rücksicht zu nehmen. Diese Aufgabe kann bei fortgeschrittenen Kindern auch mit geschlossenen Augen ausgeführt werden.

126. Mehrere Kinder halten einen Reifen, Gesichter zur Reifenmitte. Der Reifen wird gemeinsam durch den Raum getragen; welche Gruppe kann dabei genau im Takt der Musik gehen?

A: Langsames Schrittmaß nehmen, da ein Kind vorwärts, zwei seitwärts und eines rückwärts gehen müssen!

Abb. 34

127. (Abb. 34) Jedes Kind hat zwei Hölzchen. Gemeinsam soll eine Figur auf den Boden gelegt werden, ohne daß vorher bestimmt wird, was gelegt werden soll. Alle gehen zur Musik. Wird die Melodie unterbrochen (Phrasenende!), darf ein Kind ein Hölzchen auf den Boden legen. Bei der nächsten Unterbrechung legt ein anderes Kind ein Hölzchen an das erste an usf., bis alle Kinder ihre Hölzchen zu einer gemeinsamen Figur gelegt haben. Wer weiß dann noch, wo sein Hölzchen liegt? Können wir gemeinsam die Figur wieder so abbauen, wie wir sie aufgebaut haben?

V: Anstatt des Hölzchens können auch Schüttelbüchsen, Flachstäbe oder Rundstäbe genommen werden.

A: Kein Kind sollte vom Lehrenden bestimmt werden, sondern die Kinder müssen lernen, sich selber zu entschließen oder gegebenenfalls hinter einem anderen zurückzustehen. An der Art, wie jedes Hölzchen in die entstehende Figur eingefügt wird, läßt sich erkennen, inwieweit sich das einzelne Kind in die Gemeinschaft einfügen kann und will.

Abb. 35

128. (Abb. 35) Jedes Kind hat ein Hölzchen. Die Hölzchen liegen in einer Reihe nebeneinander. Gemeinsam wird diese Hölzchenreihe vor- und rückwärts gerollt, ohne die Reihe zu unterbrechen.
V: Die Reihe wird aus Schüttelbüchsen, langen Rundstäben oder Bällen gebildet.

129. Die Musik gibt ein Grundmaß an. Wer kann dazu gehen und gleichzeitig mit seinen beiden Hölzchen (Tamburin, Schüttelbüchse) den Takt schlagen? Wer kann im Takt weiterschlagen, wenn die Musik aufgehört hat?

Abb. 36

130. (Abb. 36) Zwei Kinder stehen sich gegenüber, jedes Kind hat ein Hölzchen. Um die Hölzchen zum Klingen zu bringen, müssen sie aneinandergeschlagen werden. Dabei kann das eine Kind sein Hölzchen hoch oder tief halten, das andere muß schnell mit seinem Hölzchen folgen, ohne aus dem Schlagrhythmus zu kommen.

131. Sitzkreis, jedes Kind hat ein Hölzchen. Einige Kinder rollen die Hölzchen zwischen den Händen hin und her, andere lassen sie still liegen. Die Kinder sollen sich nun mit der rollenden Bewegung der Hölzchen abwechseln, so daß immer einige Hölzchen gerollt werden, während andere still liegen.
V: Büchsen oder Bälle werden gerollt!

132. Aus Stühlen bauen wir gemeinsam einen Zug, ein Haus, einen Kreis. Wer findet noch seinen Stuhl?

133. Ein Seil wird als Kreis auf den Boden gelegt. Ein Kind läuft innen im Kreis, ein anderes außen herum, die Laufrichtung ist entgegengesetzt. Auf den Zuruf „hopp" werden die Richtungen gewechselt.
V. Die Kinder gehen rückwärts am Kreis entlang. — Sie gehen auf allen vieren, hüpfen oder kriechen vor- und rückwärts am Kreis entlang.

134. Ein Seil wird als Kreis (Linie) auf den Boden gelegt. Wir versuchen gemeinsam das Seil hochzutragen, ohne dabei seine Form zu verändern.
V: Verbinden mit einem Melodieablauf (hoch — tief).

BEGRIFFSBILDUNG

135. Die Formen Kreis, Reihe, Dreieck, Viereck, Schlange, Halbkreis können aus Stühlen, Hölzchen, Bällen, Seilen oder Flachstäben gelegt oder gebaut werden.
V: Quadratische farbige Tücher eignen sich besonders gut, die Formen des Vierecks und des Dreiecks (aus dem Quadrat diagonal gefaltet) zu erkennen.
A: *Es sollen auch die Formen der jeweils benutzten Geräte einbezogen werden: Wie sieht der Ball aus? Welche Form hat dagegen das Hölzchen? Kann man aus den Hölzchen einen ganz runden Kreis bauen, wenn sie liegen? Wie wird der Kreis aber, wenn man die Hölzchen aufstellt? Warum kann man gerade mit dem Seil so gut alle Formen legen? Welches Gerät paßt zu welcher Form?*

Abb. 37

136. (Abb. 37) Jeder hält einen Reifen in den Händen. Der Reifen soll der Melodielinie folgen, er soll sich mit ihr heben und senken.
V: Kann man den Reifen auch waagerecht oder schräg halten?
A: *Hilfestellung für den Begriff „schräg" beim Reifen: Der Reifen, in beiden Händen gehalten, ist eine große „Schüssel", aus der wir langsam etwas herausgießen wollen!*

137. Welche Instrumente sind den Kindern bekannt? Ein Instrument soll der Form und dem Klang nach genau beschrieben werden! Ist ein Tamburin auch ein Instrument? Klingt es anders als eine Flöte? (Unterscheidung von Ton und Geräusch!) Wer kann einen Ton singen, wer ein Geräusch verursachen? Welche Instrumente bringen Töne, welche Geräusche hervor?
A: *Das Vertrautmachen der Kinder mit den einzelnen Instrumenten — Flöte, Klavier, Triangel, Xylophon, Tamburin, usw. — sollte sich über eine lange Unterrichtszeit hinziehen, denn jedes Kind soll die charakteristische Klangfarbe jedes Instrumentes klar erkennen und beschreiben können. Es ist gut, mit kleinen, handlichen Instrumenten zu beginnen, damit die Kinder sie im wahrsten Sinne des Wortes „begreifen" können.*

138. Welches Instrument paßt zu welcher Schrittart?
Welche Instrumente können nur eine Melodie spielen (Flöte u. a.) und welche mehrere nebeneinander (Klavier u. a.)?

139. (Abb. 38) Einfache musikalische Formen lassen sich gut mit Hilfe von Geräten erarbeiten (Form A; A — B; A — B — A). Das folgende Beispiel entstand mit einer Gruppe von fünfjährigen Jungen und Mädchen.
Die Kinder sollen die Struktur der dreiteiligen Liedform (A — B — A) mit Hilfe eines Ballspieles verstehen lernen.

Dreiteilige Liedform

Abb. 38

Je zwei Kinder sitzen sich auf dem Boden gegenüber, jedes hat einen Ball. Sie sollen gemeinsam mit den beiden Bällen spielen, der Ball darf aber nur rollen. Wer findet immer neue Arten, den Ball zwischen den eigenen Händen zu rollen? Will der Ball nicht einmal das andere Kind besuchen? Die beiden Bälle rollen von einem Kind zum anderen und wieder zurück. Und von alleine nehmen die Kinder das alte Spiel wieder auf: der Ball rollt zwischen den eigenen Händen hin und her. Es wird leise ein kurzes Lied gesungen, das sich aus dem Augenblick heraus in Text und Rhythmus der Bewegung der Bälle anpaßt.

Die Kinder fangen nacheinander an mitzusingen, und da der Text des Liedes die gerade von ihnen „erfundene" Bewegung des Balles untermalt, lassen sie den Ball in seiner Bewegung dem Lied folgen. Das Spiel geht weiter, bis alle Kinder singend ihren Ball in der richtigen Folge rollen können. Das gemeinsame Singen ordnet sie alle in dasselbe musikalische Grundmaß. Dann fragen wir, was der Ball nun eigentlich gerade gemacht hat! Ein Kind darf die Wege des Balles an die Tafel malen. Wer merkt, daß unser Ball einmal seinen Weg wiederholt hat? Es entsteht etwa folgende Zeichnung (Abb. 39). (Bei größeren Kindern können die Wege ohne weiteres mit A — B — A bezeichnet werden!)

Dreiteilige Liedform A - B - A

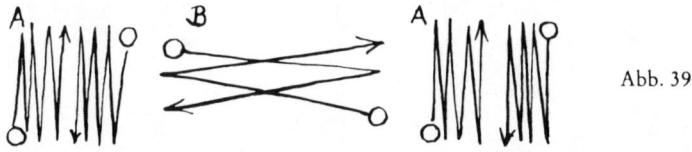

Abb. 39

Wer kann hören, daß sich die Melodie unseres kleinen Liedes einmal ebenso wiederholt hat wie der Weg des Balles?

Dieses Beispiel soll zeigen, wie sich selbst bei kleinen Kindern musikalische Formen aus dem Spiel entwickeln lassen.

SCHULUNG DER KONZENTRATIONSFÄHIGKEIT

140. Hölzchen werden am Boden aufgestellt, z. B. während des Gehens: Hört die Flöte mit der Melodie auf, so sollen alle Hölzchen am Boden stehen. — Die Flöte spielt mitten in die Melodie hinein einen einzigen tiefen Ton, alle Hölzchen stehen am Boden usw.

141. Jedes Kind stellt oder legt sein Hölzchen auf seinen Stuhl und steigt auf den Stuhl, ohne das Hölzchen zu berühren oder umzustoßen.

V: Wer kann seinen Stuhl vorsichtig ein wenig von der Stelle bewegen, ohne daß das Hölzchen herunterfällt?

Abb. 40

142. (Abb. 40) Je zwei Kinder sitzen sich auf dem Boden gegenüber, jedes hat zwei bis vier Hölzchen. Ein Kind hat die Augen geschlossen und tastet mit den Händen eine Figur nach, die ihm das andere Kind mit den Hölzchen vorlegt. Die nur mit den Händen nachgefühlte Figur wird mit den eigenen Hölzchen nachgebaut.

V: Die Hölzchenfigur wird bei geschlossenen Augen mit dem Fuß nachgetastet.

Abb. 41

143. (Abb. 41) Stirnkreis, jedes Kind hält in jeder Hand ein Hölzchen. Anstatt der Hände berühren sich die Hölzchen, so daß wiederum ein Kreis aus Hölzchen entsteht. Dieser Kreis folgt nun den hohen und tiefen Tönen der Melodie.

V: Die Augen der Kinder sind geschlossen. — Die Hölzchen bilden, von den Kindern getragen, einen Kreis, der vergrößert oder verkleinert, gehoben oder gesenkt wird.

A: Diese Übung schult in hohem Maße das Tastvermögen der Hände, sie ist außerdem gut für Kinder, die sich nur schwer in eine gemeinsame Arbeit einfügen.

144. Wer kann am leisesten ein Gerät hinlegen oder aufheben?
V: Wer kann am leisesten ein Gerät in den Schrank einordnen, auf den Stuhl legen usw.? Wer kann ohne jedes Geräusch auf einen Stuhl steigen?

145. Jeder trägt seinen Stuhl durch den Raum und achtet dabei auf die Musik. Hört sie zu spielen auf, wird der Stuhl so leise wie möglich zu Boden gesetzt; beginnt sie wieder zu spielen, wird der Stuhl weitergetragen. Keiner darf dabei an einen anderen oder einen Gegenstand im Raum anstoßen!
V: Der Stuhl wird mit gestreckten Armen getragen — mit erhobenen Händen über dem Kopf — mit einer Hand usw.

146. Jedes Kind bekommt eine Schüttelbüchse. Sie wird so vorsichtig beim Gehen getragen, daß sie „stumm" ist.
V: Die Schüttelbüchse wird auf der Hand, auf dem Kopf, auf dem Arm getragen. — Vorwärts und rückwärts.
A: Zwischendurch wird die Schüttelbüchse laut und kräftig geschüttelt, denn die Stille nach lauten Geräuschen spornt die Kinder an, ihre Aufgabe besonders leise auszuführen. Z. B.: Wenn der Lehrende die Hände weit ausbreitet, darf die Schüttelbüchse im Takt der Füße (hüpfen, gehen, laufen usw.) mitgeschüttelt werden. Werden die Hände aber ganz eng zusammengehalten, dann ist beim Gehen (Laufen) keine Schüttelbüchse mehr zu hören.

147. Jedes Kind bekommt eine Schüttelbüchse und ein Hölzchen. Die Kinder werden beim freien Spiel mit den beiden Geräten von selber zu Konzentrations- und Geschicklichkeitsübungen kommen: Wer kann das Hölzchen auf der Büchse und umgekehrt balancieren?
A: Diese Aufgabe kann mit allen Geräten, auch mit dem Stuhl, gearbeitet werden. Es wird nicht notwendig sein, den Kindern Geschicklichkeitsübungen aufzugeben, da sie bei richtiger Anleitung viele Arten des Geschicklichkeitsspiels mit Geräten selber erfinden.

148. Verschiedene Geräte werden mit geschlossenen Augen ertastet und beschrieben. Wie fühlt sich das Gerät an? Ist die Oberfläche hart oder weich, ist das Gerät lang, kurz, rund, eckig usw.?

149. Einzelne hohe oder tiefe, lange oder kurze Töne werden mit der Hand in der Luft gezeigt oder an die Tafel gemalt. Zur besseren Konzentration werden die Augen geschlossen!

150. Melodielinien werden singend an die Tafel gezeichnet. Die Kinder folgen bewegungsmäßig der Höhe und der Tiefe der Melodie.
V: Eine Melodie wird ohne zu singen an die Tafel gezeichnet, die Kinder folgen in der Bewegung, die Melodie wird durch die innere Tonvorstellung „mitgedacht".

Ist ein Mann...

Ist ein Mann in' Brunnen g'fallen, hab' ihn hören plumpen,
wär' er nicht hineingefallen, wär er nicht ertrunken.

z. B.

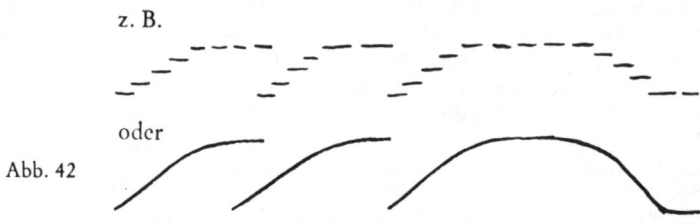

oder

Abb. 42

151. (Abb. 42) Die Kinder hören eine gesungene oder gespielte Melodie. Sie wird auf einem Blatt Papier oder der Tafel aufgezeichnet!

Abb. 43

152. (Abb. 43) Ein Seil liegt am Boden. Das Seil ist ein Weg, auf dem man mit geöffneten oder geschlossenen Augen vor- oder rückwärts gehen kann.
V: Auf allen vieren über das Seil laufen — mit einem Hölzchen in der Hand den Weg auf dem Seil ertasten — auf den Knien laufend das Seil erspüren — mehrere Seile werden als Weg aneinandergelegt. Wer kann bei geschlossenen Augen mit den Füßen spüren, wie viele kurze Seile aneinandergelegt auf dem Boden liegen?

153. Ein langes Seil liegt quer durch den Raum am Boden. Jedes Kind hat einen Ball, der bei nur einem Anstoß genau bis an das Seil rollen soll!

154. Jedes Kind hat einen Ball, der an einem gerade liegenden Seil entlanggerollt wird.
V: Der Ball wird mit der Hand, dem Fuß, dem Kopf gerollt. — Ein Ball wird in bzw. an einem am Boden liegenden Reifen gerollt. Dabei kann jedes Kind für sich allein einen Reifen haben, oder es spielen zwei Kinder an einem Reifen: Ein Kind rollt innen, das andere außen seinen Ball; bei dem Zuruf „hopp" wird die Richtung der rollenden Bälle gewechselt.

155. Sitzkreis. Ein Kind hält mit den Zehen ein buntes Tuch, das, nur mit den Zehen gehalten, im Kreis herumgegeben wird.

156. Eine Reihe Schüttelbüchsen steht am Boden. Die Büchsen stehen so weit voneinander entfernt, daß man über sie hinwegsteigen kann. Jedes Kind weiß, wo seine Büchse steht (Form, Farbe!). Ein Kind soll nun mit geschlossenen Augen durch Tasten mit den Händen oder Füßen (oder durch Abzählen) seine Büchse aus der Reihe herausfinden!
V: Die Büchse wird mit Hilfe einer Hand oder eines Fußes gefunden. — Das Aufstellen der Büchsenreihe kann ein Spiel für sich sein: Die Kinder gehen mit den Büchsen in der Hand im Takte der Musik. Hört die Musik auf, so stellt jeweils nur ein Kind seine Büchse auf den Boden. — Bei Musikende stellen alle gemeinsam ihre Büchsen sofort in eine Reihe auf den Boden. — Die Farbe der Büchsen spielt beim Aufstellen der Reihe eine Rolle: Es dürfen nicht zwei gleichfarbige Büchsen nebeneinanderstehen, oder es sollen abwechselnd eine rote, grüne, gelbe, blaue Büchse nebeneinanderstehen. — Es steht abwechselnd eine Büchse von einem Jungen und eine von einem Mädchen. — Aus Holzblöcken legen wir einen langen Weg auf den Fußboden. Die Blöcke sollen in Schrittlänge voneinander entfernt liegen. Nacheinander gehen die Kinder über diesen Weg, wobei sich jeder eine neue Art des Gehens ausdenken kann (mit geschlossenen Augen; vor- und rückwärts; anstatt auf den Blöcken zu gehen, treten wir bei jedem Schritt zwischen die Blöcke; über die Blöcke springen, mit einem Bein oder im Schlußsprung; auf allen Vieren langsam auf den Holzblöcken balancieren). — Jedes Kind legt sich eine eigene Reihe (sofern so viele Holzblöcke vorhanden sind); die Reihen werden mit ausreichendem Abstand nebeneinander auf den Boden gelegt. Wer kann auf ein bestimmtes Zeichen hin am schnellsten auf seiner Reihe laufen, ohne herunterzufallen und ohne die Holzblöcke zu verschieben?

GEHÖRBILDUNG

Abb. 44

Verschiedene rhythmische Motive

(rhythmische Notation in zwei Spalten: 4/4 und 3/4 Takt)

157. (Abb. 44) Sitzkreis. Ein kurzes rhythmisches Motiv wird nacheinander geklatscht oder geschlagen.
V: Dazu bekommt jeder eine Schüttelbüchse — zwei Schlaghölzchen — ein Tamburin usw. — Jeder schlägt das von seinem Nachbarn gehörte Motiv nach, schlägt ein neues selbsterfundenes dazu und gibt dieses dem Nachbarn weiter.
A: *Das rhythmische Grundmaß darf dabei nicht verlorengehen, und das eigene neue Motiv soll übergangslos an das vorhergegangene angefügt werden.*

158. Jeder schüttelt seine Schüttelbüchse. Wer kann dunkle und helle Klangfärbungen der Büchsen heraushören?

159. Aus Büchsen wird ein Turm gebaut. Erklingt ein hoher Ton, so wird eine Büchse auf den Turm aufgebaut, bei einem tiefen Ton wird eine Büchse abgebaut.
V: Auch hier kann die Reihenfolge der Kinder, die mit ihren Büchsen bauen dürfen, bestimmt werden: durch die Farbe der Büchsen — durch Wechsel von Jungen und Mädchen — durch die Sitzordnung der in einer Reihe sitzenden Kinder. — Die Reihenfolge wird nicht bestimmt; die Kinder lernen, schnell zu reagieren und vor einem anderen Kind augenblicklich zurückzustehen.

160. Verschiedene Klangfarben werden am Schlaghölzchen — am Tamburin — am Stuhl usw. gehört.
A: *Ein Stuhl aus Holz, mit der Hand vorsichtig beklopft, gestrichen oder geschlagen, birgt viele Möglichkeiten der Klangschattierungen in sich. Er kann zu einem vielseitigen Schlaginstrument werden, auf dem die Spiele mit rhythmischen Motiven (s. o.) ebenso ausgeführt werden können wie z. B. mit dem Tamburin oder den Schlaghölzchen!*

161. Hören von Fallgeräuschen verschiedener Geräte. Wer kann das Gerät (Ball, Reifen, Hölzchen, Büchse usw.) bei geschlossenen Augen erraten?

Abb. 45

162. (Abb. 45) Alle Kinder sitzen mit geschlossenen Augen auf ihren Stühlen. Ein Kind kriecht unter den Stühlen durch und muß dies so leise tun, daß kein sitzendes Kind es hören kann. Wer dennoch ein Geräusch hört, versucht das Kind zu fangen und darf nun seinerseits unter den Stühlen der anderen durchkriechen.
V: Die Kinder stehen auf ihren Stühlen, die Augen sind geöffnet. Sie versuchen, das unter den Stühlen hindurchkriechende Kind zu fangen, ohne ihren Stuhl dabei zu verlassen.

163. Kugeln verschiedener Größe und Schwere werden über den Boden gerollt. Die dabei entstehenden Geräusche sollen ihrer Verschiedenartigkeit nach gehört werden!

164. Ein Reifen wird aufgestellt, gedreht und losgelassen. Was für Geräusche sind zu hören, bis der Reifen am Boden liegt?
A: Sensible Kinder spüren sofort, wie das Fallgeräusch des sich drehenden Reifens schneller und lauter wird (accelerando und cresc.!). Oft springen sie von ihrem Stuhl auf oder schlagen in die Hände, weil „es so schnell wurde" oder „weil sie einfach nicht mehr sitzen bleiben konnten"! Diese Reaktionen können nur bei Kindern erwartet werden, die bei geschlossenen Augen konzentriert und in völliger Stille auf das Geräusch gehorcht haben.

165. Stirnkreis. Ein Reifen wird in der Mitte des Kreises gedreht und losgelassen. Die Kinder beobachten genau den Reifen und liegen gleichzeitig mit ihm am Boden.

166. Jedes Kind hält mit beiden Händen einen Reifen waagerecht hoch über den Kopf. Es folgt in dieser Haltung mit dem Körper den hohen und tiefen Tönen der Musik.
A: Diese Aufgabe ist nicht nur eine gute Gehörs- sondern auch eine vorzügliche Haltungsübung. Der Reifen kann mit gestreckten Armen über dem Kopf, in Schulter- oder Taillenhöhe gehalten werden.

167. Ein Ball wird gleichmäßig auf den Boden geprellt. Die Kinder hören das Geräusch und versuchen genauso gleichmäßig und leicht auf beiden Füßen zu hüpfen.
V: Die Kinder hüpfen auf einem Bein. — Die Kinder hüpfen auf einem oder beiden Beinen und prellen gleichzeitig einen Ball auf den Boden.

168. Die Kinder gehen mit einem Ball in der Hand im Takte der Musik. Der Ball wird im Schrittmaß gemeinsam auf den Boden geprellt.

A: *Der gleichmäßige Schritt darf nicht unterbrochen werden, dagegen kann die Bewegung des Balles ruhig einmal aussetzen, um sich wieder in das weiterlaufende Schrittmaß einzuspielen. Die Erfahrung hat gezeigt, daß es nicht notwendig ist, mit den Kindern das gleichmäßige, gemeinsame Prellen oder Hochwerfen des Balles zu „üben". Auf der Basis des musikalischen Grundmaßes entstehen die rhythmischen Bewegungen des Balles ganz von selbst. Natürlich brauchen die Kinder, ihren Anlagen entsprechend, verschieden lange zum Erlernen der gleichlaufenden Bewegung zwischen Hand und Fuß. Diese Arbeit kann sich daher auf lange Zeit erstrecken, wenn sie immer wieder und in neuen Variationen wiederholt wird.*

Abb. 46

169. (Abb. 46) Die Begriffe Hoch und Tief in der Musik können auf die verschiedenste Art erarbeitet werden; z. B.:
Auf dem Boden verteilt liegen schwarze und weiße Papierblätter. Die Kinder hören einen tiefen Ton: Welches Blatt paßt dazu? Und welches Blatt paßt zu einem hohen, hellen Ton?
Die Kinder hören auf die einzelnen hohen und tiefen Töne und stellen sich schnell auf das entsprechende Papier. Daraus kann ein Spiel entwickelt werden: Wer am langsamsten ist und sich zuletzt auf das richtige Blatt stellt, muß ausscheiden!

170. (Abb. 47) Ein Kind bekommt mehrere weiße und schwarze Papierblätter in die Hand. Es hört eine Tonfolge, z. B.: Tief — tief — hoch — hoch — tief — hoch — tief — tief, und legt diese mit den entsprechenden Blättern nebeneinander auf den Boden. Oder umgekehrt: Eine Tonfolge wird zuerst gelegt und dann nachgespielt, wobei der Lehrende bei Kindern, die „hoch" und „tief" schon sicher beherrschen, absichtlich Fehler machen kann.

A: *Beim Nachlegen dieser Tonfolgen kann jeder Ton einzeln gehört und sofort nachgelegt werden, oder die Folge kann mit geschlossenen Augen erst vollständig gehört und dann gelegt werden. Die zweite Art dieser Übung erfordert ein größeres Maß an Konzentration. Es empfiehlt sich, zuerst das Intervall der Oktave oder der Quinte zu nehmen, um das musikalische „Hoch" und „Tief" auszudrücken. Später können auch die Sexte, Quarte oder Terz dazugenommen werden.*

z. B.

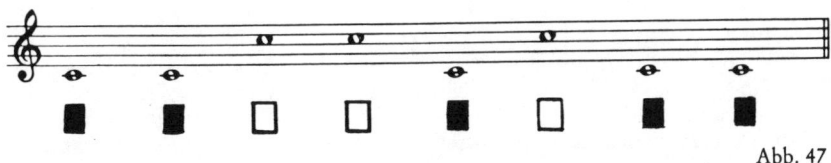

Abb. 47

171. Die schwarzen und weißen Papierblätter liegen, nach der Farbe geordnet, auf je einem Haufen am Boden. Die Kinder gehen im Takt der Musik, die einmal mit einem hohen, ein anderes Mal mit einem tiefen Ton endet. Nur ein Kind darf sich dann das entsprechende Blatt zum entsprechenden Ton holen. Haben alle Kinder ein Blatt in der Hand, wird das Spiel wieder „zurückgespielt": Bei einem hohen Ton wird ein weißes, bei einem tiefen Ton ein schwarzes Papierblatt auf den richtigen Platz zurückgelegt.

Abb. 48

172. (Abb. 48) Ein Kind legt eine Tonfolge mit schwarzen und weißen Papierblättern. Die anderen folgen mit der Bewegung oder singend dem auslegenden Kind.

V: Die Kinder werden in zwei Gruppen eingeteilt. Die eine singt nur die hohen, die andere nur die tiefen Töne. So wie die Blätter nun gelegt werden, singen die beiden Gruppen abwechselnd die für sie bestimmten Töne.

Abb. 49

173. (Abb. 49) Wir haben mit Papierblättern eine lange Tonfolge hoher und tiefer Töne auf den Boden gelegt. Wer kann darüber gehen und bei jedem Blatt den richtigen Ton singen?
V: Die Tonhöhe wird mit der Hand gezeigt oder körperlich ausgedrückt. — Zwei Kinder stehen an je einem Ende der Papierreihe. Langsam gehen sie Schritt für Schritt aufeinander zu, bei jedem betretenen Blatt den richtigen Ton singend. Haben sie sich in der Mitte getroffen, so gehen sie rückwärts wieder auseinander. — Dasselbe können auch vier Kinder ausführen, wenn je zwei Kinder an jedem Ende der Papierreihe stehen.

174. Die mit Papierblättern gelegten Hoch-Tief-Folgen können nicht nur bewegungsmäßig nachgeahmt oder gesungen werden, sie können auch mit hellem oder dunklem Tamburin (hell- oder dunkelklingenden Hölzchen!) geschlagen werden.
V: Wie können hohe — mittlere — tiefe Töne am Stuhl gezeigt werden?
(hoher Ton = gestreckter Stand vor dem Stuhl,
mittlerer Ton = Sitz auf dem Stuhl,
tiefer Ton = Hocke vor dem Stuhl).
V: Verschiedene musikalische Motive oder auch nur rein rhythmische Motive bestimmen die Stellung am Stuhl, z. B.:
zwei Töne nacheinander = Stand vor dem Stuhl
ein kurzer Ton = Stand neben dem Stuhl
drei Töne nacheinander = Stand hinter dem Stuhl.

175. Ein Seil wird in niedriger Höhe durch den Raum gespannt. Bei den hohen Tönen springen die Kinder über das Seil, bei den tiefen Tönen kriechen sie darunter durch.

176. Stirnkreis. Alle fassen mit beiden Händen ein Seil. Zum Klang der Musik gehen alle im Kreis herum und folgen bei Phrasenende mit dem Seil dem abschließenden tiefen oder hohen Ton.
V: Ein Kind steht in der Mitte des Kreises und singt eine Melodie. Die Kinder folgen mit dem gehaltenen Seil der Höhe und Tiefe der Melodielinie.

177. Auf welche verschiedene Weise kann man ein Schlaghölzchen anschlagen? (Es kann hell oder dunkel, stumpf, klar, leise, laut usw. klingen!) Auf welche verschiedene Weise kann man ein Tamburin schlagen?
A: *Der Klang des Tamburins hängt davon ab, ob man auf die Mitte oder den Rand des Fells schlägt, ob man zum Schlagen die flache oder hohle Hand, den Daumenballen, die Fingerkuppen, die Fingernägel, den Daumen allein, die Faust nimmt. Das Fell und der Holzrand des Tamburins können als Farbkontraste benutzt werden!*

178. Die Kinder stehen mit geschlossenen Augen dicht am Klavier. Mit vorsichtig auf das Holz des Instrumentes aufgelegten Händen versuchen sie, die Schwingungen eines angeschlagenen Tones zu spüren.
V: Die Hände werden leicht auf das Fell eines Tamburins gelegt, auf dem man ganz fein die Schwingungen eines gespielten Tones spüren kann.

GEDÄCHTNISÜBUNGEN

179. Schüttelbüchsen liegen, von den Kindern verteilt, am Boden. Die Kinder gehen im Rhythmus der Musik; endet die Melodie, so setzen sich alle schnell vor ihr am Boden liegendes Gerät.
V: Anstatt der Büchsen können Hölzchen, Reifen, Seile usw. genommen werden. — Die Kinder gehen anstatt zur Musik zum Klatschen der Hände, zum Singen, zum Schlagen auf dem Tamburin usw. — Die Kinder suchen einzeln ihr Gerät mit geschlossenen Augen. — Wer kann das eigene oder das Gerät eines anderen Kindes mit geschlossenen Augen beschreiben?

180. Die Geräte liegen am Boden verteilt. Endet die Musik, so setzt sich jedes Kind an einen falschen Platz. Ein Kind, welches besonders gut aufgepaßt hat, darf alle anderen an ihre richtigen Plätze führen.
V: Die übrigen Kinder können auch die Augen schließen, wenn sie an ihren Platz geführt werden. Die Spannung ist dann groß: Sitze ich beim Öffnen der Augen auf meinem richtigen Platz? Es entsteht oft ein Wettspiel zwischen mehreren Kindern: Wer löst diese Aufgabe ohne Fehler?

181. Jedes Kind bekommt mehrere Hölzchen (anfangs sind zwei Hölzchen ausreichend). Aus den Hölzchen wird am Boden eine Figur vorgelegt, die Kinder haben Zeit sie zu betrachten und bauen sie dann mit geöffneten und geschlossenen Augen selber nach.
V: Die Figur kann mit einem Seil, mit Schüttelbüchsen, Flachstäben usw. gelegt werden.

182. Mit geschlossenen Augen wird ein Stuhl mit den Händen abgetastet. Wo fühlt sich das Holz rauh, glatt, kantig usw. an? Wer kann Einschnitte und Kerben entdecken? Die Oberfläche und Form des Stuhles wird von jedem Kind beschrieben!

183. Bewegungsfolgen werden als Gedächtnisübung aufgegeben. Der Stuhl z. B. bietet dazu viele Möglichkeiten: Man kann unter ihm hocken, auf ihm sitzen und stehen, man kann neben, vor, hinter ihm stehen, man kann flach unter ihm liegen. Die Kinder sollen die gestellten Aufgaben zuerst nur hören, noch einmal für sich durchdenken und dann erst ausführen, z. B.: „Alle Kinder liegen unter dem Stuhl, sitzen dann auf dem Stuhl, stehen zuletzt vor dem Stuhl!"

184. Jedes Kind bekommt ein Blatt Papier und einen Bleistift. Es hört zwei bis vier verschieden lange Töne und zeichnet sie so auf das Papier, wie es sich die Töne vorstellt. Auch hier werden die Töne erst gehört, noch einmal still nachempfunden und dann erst aufgezeichnet!
V: Es werden hohe und tiefe Töne gehört und aufgezeichnet.

185. Reifen liegen am Boden verteilt. An jedem Reifen steht eine kleine Gruppe von Kindern. Jeder Reifen wird nun in einer anderen Weise bewegt: Der erste Reifen z. B. wird nur hochgetragen und dabei herumgedreht, der zweite Reifen nur am Boden liegend gedreht, der dritte Reifen stetig gehoben und gesenkt. Jede Gruppe merkt sich gut ihren Platz, denn jeder Reifen bekommt jetzt ein ganz bestimmtes musikalisches Motiv. (Man kann auch kurze, prägnante Schlagrhythmen dafür nehmen.)

Das Spiel beginnt: Die Kinder gehen im Takte der Musik, die plötzlich eines der vorher für jeden Reifen gespielten Motive spielt. Welche Kinder gehören zu dem Reifen, dessen Motiv gerade gespielt wird? Und können sie, während die anderen Kinder stehen bleiben, schnell die bestimmte Bewegung ausführen?
V: Das Spiel wird erschwert, wenn die Kinder auf den Zuruf „hopp" den Platz an den Reifen wechseln und an dem neuen Platz ebenfalls die richtige Reifenbewegung durchführen sollen. Sie müssen vorher gut aufgepaßt haben, welche Bewegungen die Nachbarreifen machten!

186. Jedes Kind hat in die Stunde seinen eigenen Stuhl mitgebracht. Mit den Stühlen lassen sich viele Spiele zur Gedächtnisschulung spielen, z. B.: Jedes Kind trägt seinen Stuhl spazieren und setzt ihn beim Ende der gespielten Melodie auf den Platz, wo es gerade steht. Jetzt gehen alle ohne ihren Stuhl weiter; die Musik setzt wieder aus. Wer sitzt schnell auf seinem Stuhl? — Oder wir spielen „Bäumchen wechsel dich!", d. h. auf ein bestimmtes Zeichen (klatschen, klopfen, ein Flötenton, Zuruf „hopp" usw.) wechseln alle die Plätze. Ein Kind muß versuchen, alle wieder auf ihre alten Plätze zu setzen. — Oder die Kinder verlassen ihre Stühle, und es wird gefragt: „Welches Kind saß auf diesem Stuhl?" — Wer kann zu jedem Stuhl hingehen und den Namen des Kindes rufen, das darauf gesessen hat?
Es bleibt dem Lehrenden überlassen, dieses Spiel zu variieren: Die Stühle stehen in bestimmten Formen (Reihe, Halbkreis, Kreis, Schlange) oder die Kinder sitzen nicht auf dem Stuhl, sondern stehen darauf oder liegen darunter.

187. Wer kann erzählen, was in einer vorhergegangenen Rhythmikstunde von den Kindern getan wurde? Wer kann ein Bild dazu malen?
V: Eine Geschichte wird erzählt und von den Kindern dargestellt. Wer kann sie in der nächsten Stunde wiedererzählen bzw. darstellen? Wer kann ein Bild aus dieser Geschichte sofort oder auch zu Hause aufzeichnen?

Abb. 50

SCHULUNG DER REAKTIONSFÄHIGKEIT

188. Zwei Kinder stehen sich gegenüber und halten mit beiden Händen einen Reifen hoch über ihren Kopf. Alle anderen laufen im Takt der Musik in einer Schlange durch den Raum und unter dem hochgehobenen Reifen durch. Wenn die Musik aufhört, wird der Reifen so schnell wie möglich gesenkt, um eines der darunter durchlaufenden Kinder zu fangen. Das gefangene Kind sucht sich eines der reifentragenden Kinder aus, hinter das es sich stellen möchte. Es entstehen so zwei neue Schlangen, von denen die längere bei dem neuen Spiel wieder unter dem hochgehobenen Reifen durchlaufen darf.

189. (Abb. 50) Schlaghölzchen werden mit Abstand in einer Reihe aufgestellt. Zwei Kinder stehen sich an je einem Ende der Hölzchenreihe gegenüber. Ein Kind steigt vorsichtig über ein Hölzchen hinweg, das andere Kind folgt sofort mit der gleichen Bewegung. Das erste Kind hebt einen Arm, das zweite Kind gleichfalls: Sie bewegen sich im Spiegelbild zueinander. Die Kinder sollen möglichst viele neue Bewegungen erfinden, sie dürfen aber nicht die Bindung zu ihrem Gegenüber verlieren. Merken sie z. B., daß das andere Kind nicht so schnell folgen kann, so müssen sie ihre eigene Bewegung verlangsamen oder deutlicher ausführen.
V: An jedem Ende der Hölzchenreihe stellen sich je zwei Kinder auf und bewegen sich im Spiegelbild zueinander.
A: Man kann das „Spiegelspiel" auch ohne Hölzchenreihe spielen, nur fehlt dann die Ausrichtung an der Reihe, an der sich die Kinder sonst halten können.

190. Wer kann leise, wer laut klatschen? Die Hände des Lehrenden zeigen die verschiedenen Lautstärken: Ganz eng zusammengehaltene Hände = leise; weit ausgebreitete Hände = laut. Die Kinder klatschen fortlaufend ein ruhiges Grundmaß, die Hände zeigen: leise. Plötzlich wird „laut" gezeigt! Die Kinder sollen sofort mit einem lauten Klatschen reagieren, ohne den Grundschlag dabei zu verlieren.
V: Anstatt des Klatschens werden Tamburin oder Schlaghölzchen geschlagen. — Es können auch „Klatschfolgen" aufgegeben werden, z. B.: leise — leise — laut — leise usw.

191. Die Kinder klatschen gemeinsam ein Grundmaß. Auf ein bestimmtes, vereinbartes Zeichen hören sie sofort auf zu klatschen.
V: Das Zeichen zum Abbrechen des Klatschens kann abwechselnd von einem Kind gegeben werden, wobei sich jedes Kind eine neue Art der Zeichengebung ausdenken kann. Z. B.: Heben der linken Hand — Stampfen mit dem Fuß — Schütteln des Kopfes — Bewegen eines Fußes usw.

192. Am Boden liegen verschiedene Hindernisse (Bälle, Reifen, Hölzchen, Turngeräte usw.). Die Musik spielt wechselnd zum Gehen, Laufen, Hüpfen, Kriechen usw. Bei dem Zuruf „hopp" steigen die Kinder sofort über ein Gerät, ohne daran zu stoßen oder einem anderen Kind in den Weg zu laufen.
V: Bei „hopp" laufen die Kinder in einer anderen Richtung weiter. — Sie legen sich einmal schnell zu Boden und stehen wieder auf — sie klatschen einmal in die Hände usw.

193. Ein Kind hält ein Tamburin, ein anderes steht vor ihm. Das eine Kind hält das Tamburin in verschiedene Höhen und Richtungen, während das andere versucht, ohne Unterbrechung mit der Hand auf das sich bewegende Tamburin zu schlagen.

Abb. 51

194. (Abb. 51) Seile liegen als Kreise geformt am Boden. Die Kinder gehen zur Musik, die plötzlich zu spielen aufhört. Wer steht am schnellsten in einem Kreise? Derjenige, der am wenigsten aufgepaßt hat und zuletzt in einem der Kreise steht, scheidet aus.

V: Das Spiel kann auch in zwei Gruppen gespielt werden (mit nur zwei gelegten Kreisen). Jede Gruppe darf nur in einem der beiden Kreise stehen. — Anstatt der Seile können Reifen auf den Boden gelegt werden. — Bei Musikende stehen alle auf einem Bein — mit verschränkten Armen auf einem Bein — auf den Zehenspitzen — mit gestreckten Armen in einem der Kreise usw.

195. Den Kindern werden Tennisbälle verschiedener Farben gegeben. Alle gehen im Takte der Musik, die in den Händen gehaltenen Bälle bewegen sich nach der Musik. (Von einer Hand zur anderen rollen — kurz und schnell in die Luft werfen — auf den Boden prellen usw.) Auf ein bestimmtes Zeichen (Zuruf „hopp", Heben der Hand, Aufhören der Musik) liegen einmal nur die roten, dann die blauen oder die gelben Bälle am Boden.

V: Während des Gehens wird die Farbe der Bälle ausgerufen, die auf den Boden gelegt werden sollen. Die Bälle werden auf Zuruf genauso wieder vom Boden aufgehoben — unter den eigenen Stuhl gelegt — in die Höhe geworfen („Rot" = alle roten Bälle werden in die Luft geworfen) usw.

196. Die Kinder sitzen auf ihrem Stuhl. Ein Kind bekommt einen Ball zugeworfen, wobei gerufen wird: „Im Schneidersitz sitzen!" Das Kind wirft den Ball zurück und führt die Aufgabe so schnell wie möglich aus. Das nächste Kind bekommt den Ball mit dem Zuruf: „An der Tür stehen!" usf., bis jedes Kind eine Aufgabe bekommen hat. Soll das Spiel als Wettspiel gespielt werden, so scheidet das Kind aus, welches den Ball hat fallen lassen oder die gestellte Aufgabe falsch ausgeführt hat.

197. Spiel mit bunten Tüchern! Ein Kind spielt den „Verkehrspolizisten" und steht in der Mitte des Raumes auf einem Stuhl. Die anderen bewegen sich im Raum. Hebt der „Polizist" ein rotes Tuch hoch, bleiben alle sofort stehen, gelb = aufpassen, grün = jeder kann wieder laufen.

V: Pferdchenspiel! Die bunten Tücher sind die „Schwänze" von den „Pferdchen" (das Tuch wird in die Turnhose gesteckt). Es dürfen immer die Pferdchen zur Musik laufen oder springen, deren Farbe aufgerufen wird.

SCHULUNG DER IMPROVISATION

198. Jedes Kind bekommt ein Schlaghölzchen, mit dem es allein spielen darf. Meist muß das Spiel am Anfang angeregt werden, etwa durch Fragen wie: Auf welche Art kann man das Hölzchen zum Rollen bringen? (Anstoßen mit der Hand — mit dem Fuß — mit dem Kopf — mit dem Knie usw.) Wie kann man das Hölzchen beim Gehen tragen? (Tragen in beiden Händen — auf dem Kopf — balancieren auf dem Handrücken usw.) Kann man auf dem Hölzchen stehen, rollen usw.?

V: Anstatt des Hölzchens bekommen die Kinder einen Ball (Tennisball, Medizinball, Gymnastikball), Flachstäbe, einen Papierball oder zwei und mehr Hölzchen.

A: *Zu allen freien Spielübungen muß gesagt werden, daß die Kinder durch ein Zuviel an Geräten weniger zum eigenen improvisierten Spiel kommen, als wenn sie dazu angeleitet werden, sich mit nur einem Hölzchen oder einem Ball zu beschäftigen. Es gibt Kinder, die hilflos vor der Aufgabe stehen, mit sich und dem Gerät etwas anzufangen. Werden sie aber getragen von kleinen Hilfestellungen des Lehrenden und dem Beispiel der anderen spielenden Kinder, so bekommen sie eine Beziehung zu ihrem Spielgerät und finden sich in das improvisierende Spiel hinein. Jedenfalls muß den Kindern für das Spiel viel Zeit gelassen werden. Sie spielen oft eine ganze Unterrichtsstunde lang, da Ruhe und damit eine Spielvertiefung erst nach einiger Zeit erreicht werden.*

199. Eine Hölzchenreihe wird am Boden aufgestellt. Die Hölzchen stehen so weit voneinander entfernt, daß man zwischen ihnen hindurchlaufen kann. Die Kinder spielen gemeinsam an dieser Hölzchenreihe, d. h. sie erfinden immer neue Arten, wie man über sie laufen, gehen, springen, hüpfen, kriechen, balancieren usw. kann. Die Kinder können das im Raum frei laufend oder in einer Schlange spielen, wobei der erste der Schlange immer von dem Kind abgelöst werden kann, welches eine neue Art über die Hölzchen zu laufen findet.

200. Spiel mit dem Stuhl.

V: Im Gehen: Er wird hoch über dem Kopf getragen — vorsichtig und leise vor- und rückwärts geschoben — auf einer Hand getragen, balanciert usw.

Im Stehen: Man kann sich auf den Stuhl setzen, legen, hocken, knien, stellen — über ihn hinüber und unter ihm hindurchkriechen — sich so bequem auf ihn setzen oder legen, daß man sich ausruhen kann — Geräusche an ihm hervorbringen durch Klopfen, Kratzen, Streichen, Schlagen usw. Wie fühlt sich der Stuhl an, wenn man vorsichtig mit den Fingerspitzen oder dem Fuß über sein Holz streicht?

Im Liegen: Der Stuhl kann mit den Händen oder den Füßen gehoben, gesenkt, gedreht, balanciert usw. werden.

Ebenso wie beim Spiel mit den Hölzchen können auch die Stühle in eine Reihe gestellt werden, durch die die Kinder auf verschiedene Weise laufen können. Schiebt man die Stühle eng zusammen, so kann man auf sie hinaufsteigen und mit den Füßen oder auf allen Vieren vor-, rück- und seitwärts vorsichtig über die Lehnen hinweg balancieren.

Abb. 52

Abb. 53

201. (Abb. 52 und 53) Spiel mit einem langen Rundstab: Man hält ihn senkrecht oder waagrecht — legt ihn auf den Boden oder balanciert auf ihm mit geöffneten oder geschlossenen Augen vor- und rückwärts. Man kann ihn sich vorsichtig auf den Kopf, den Arm, die Hand legen und ihn beim Vor- oder Rückwärtsgehen nicht herunterfallen lassen — ihn am Boden rollen — ihn als Spazierstock benutzen — ihn senkrecht auf einer Hand balancieren. — Gemeinsam legen wir aus den Stäben den Grundriß eines Hauses auf den Boden, wobei jedes Kind ein „Zimmer" bekommt. Daraus kann ein Spiel mit eigenen und vertauschten Zimmern entstehen, mit einem „Hausbesitzer", der Zimmer vermietet und dgl. mehr. Auch eine abstrakte Figur läßt sich legen. (S. Gemeinschaftsübungen mit Hölzchen Nr. 127.)

202. Spiel mit dem Reifen: Wer balanciert auf dem liegenden Reifen — springt durch den sich drehenden Reifen — wie trägt — rollt — dreht — balanciert man ihn? Wer kann ihn bei geschlossenen Augen mit den Händen oder Füßen abtasten, hochheben, drehen? — Zwei Kinder halten waagrecht oder senkrecht einen Reifen. Wie kann man ihn in einer Schlange durchlaufen, hindurchhüpfen — springen — kriechen usw.?

203. Spiel mit bunten Tüchern: Man kann sich mit den Tüchern verkleiden und versuchen, bestimmte Personen darzustellen, z. B. eine Bauersfrau mit einem Kopftuch, einen Räuber, der das Tuch vor das Gesicht gebunden hat, einen Kranken, der den Arm in der Schlinge trägt, einen Koch mit umgebundener Schürze usw. Die Kinder raten die dargestellten Personen; sie werden auch dazu angeleitet, das Charakteristische der Bewegungen und die Tätigkeiten der jeweiligen Personen zu beschreiben.

V: Breitet man die Tücher auf dem Boden aus und setzt sich darauf, so kann man auf ihnen durch das ganze Zimmer rutschen. Dasselbe in Bauch- oder Rückenlage, vor-, rück- und seitwärts.

204. Spiel mit bunten Papptäfelchen: Aus buntem Pappkarton schneidet man Rechtecke und Quadrate in allen Größen. Jedes Kind bekommt ein großes Blatt Papier, um das Spielfeld räumlich zu begrenzen, und eine bestimmte Anzahl von Pappkärtchen.
Wie legt man damit Figuren und Bilder?
A: Man gibt zuerst wenige Pappkärtchen aus, damit die Kinder lernen, mit wenigem schöpferisch etwas zu gestalten. Aus vier bis sechs Kärtchen entstehen oft befriedigendere Lösungen, als wenn die Kinder mit einer Unzahl von Karten wahllos drauflosbauen. Neben dem freien Spiel können auch bestimmte Formen vorgelegt, angesehen und als Gedächtnisübung gleich nachgelegt werden. Ebenso läßt man gelegte Formen erraten und beschreiben.

205. Spiel mit Schlaginstrumenten: Ein Lied wird von den Kindern mit Schlaginstrumenten begleitet (Schlaghölzchen, Tamburin, Schüttelbüchse, Schellen, evtl. auch Xylophon). Die Schlagzeugbegleitung sollte man sparsam und akzentuiert anwenden, wobei jedem Schlaginstrument die Rolle zugeteilt wird, die ihm seiner Beschaffenheit und Klangfarbe nach entspricht.

206. Spiel mit dem Papierball: Der Papierball muß vorsichtig behandelt werden! Er reißt leicht und kann schnell zertreten werden. Gerade lebhafte und wilde Kinder werden ihn behutsam behandeln, denn in dem Augenblick, da es „ihr" Spielball geworden ist, haben sie auch ein Verantwortungsgefühl dafür. Die Papierbälle kann man am Boden entlang fortblasen, rollen, auf dem Kopf, der Hand usw. balancieren oder gemeinsam zu einer Figur legen.

207. Spiel mit der Schüttelbüchse: Man kann sie rollen, schieben, schütteln, auf dem Kopf balancieren und sich damit hinlegen, wieder aufstehen oder gemeinsam aus allen Schüttelbüchsen eine Figur bauen.

208. Spiel mit Schellen: Kleine Schellen oder Glocken werden an verschieden lange Bänder genäht, die man um Hand- und Fußgelenke bindet. Hat man dunkel und hell klingende Schellen, dann bekommt eine Gruppe der Kinder die hellen, die andere Gruppe die dunklen Schellen. Bei den hohen Tönen der Musik laufen die Kinder mit den hellen, bei den tiefen Tönen die Kinder mit den dunklen Schellen. — Oder die zwei Gruppen gehen nacheinander jeweils nur einen Schritt, so daß immer abwechselnd ein dunkler und ein heller Schellenton erklingt. — Ein einzelnes Kind bekommt verschieden klingende Schellen an Hände und Füße gebunden. Es soll nacheinander helle und dunkle Schellen erklingen lassen. — Ebenso können schwarze (dunkle Schellen) und weiße (helle Schellen) „Pferdchen" zur entsprechenden Musik laufen, wobei die Pferdchen allein oder in Gruppen zu zweien oder dreien laufen. — Die Schellen werden auch stehend im Kreis oder sitzend geschüttelt. Man erarbeitet kleine Motive mit ihnen oder begleitet ein gesungenes Lied. Es soll der Phantasie der Spieler überlassen bleiben, hier weitere Möglichkeiten zu finden!

Abb. 54

209. (Abb. 54) Spiel mit dem „Zauberwürfel": Der große Holzwürfel wird gerollt, bleibt liegen und zeigt eine Zahl. Die Kinder stellen sich wie die Punkte auf dem Würfel im Raum auf. Sie malen diese Form an die Tafel.

A: Auf diese Weise kann für ältere Kinder eine regelrechte „Rechenstunde" abgehalten werden, wobei die Zahlenbilder des Würfels mit den entsprechenden arabischen oder römischen Ziffern verbunden werden.

Abb. 55

210. (Abb. 55) Spiel mit dem Seil: Man kann mit dem Seil laufen, springen, hüpfen. — Es wird auf den Boden gelegt, und die Kinder balancieren auf ihm vor- und rückwärts, mit geöffneten und geschlossenen Augen. — Es wird geworfen (Lasso!) oder am Boden entlanggezogen (Schlange!). — Man kann mit einem oder allen Seilen Formen auf den Boden legen. — (Abb. 56) Von zwei nebeneinanderstehenden Kindern angefaßt und von einem dritten Kind gehalten, ergibt sich mit dem Seil ein „Pferdchenspiel", bei dem sich Kutscher und Pferde mit „Schritt, Trab und Galopp" nach der Musik richten. — Es wird aus einem Seil ein Kreis gelegt, der von allen Kindern gemeinsam in die Höhe gehoben wird, ohne daß er dabei seine Kreisform verliert. — Die Kinder halten jeweils zu zweit gespannt zwischen sich ein Seil. Beim Gehen zur Musik muß das Seil so geschickt getragen werden, daß es sich mit den Seilen der anderen Kinder nicht verflicht. — Oder: Die Seile werden miteinander — von je zwei Kindern gehalten — verflochten und wieder aufgelöst.

211. Beim freien Spiel werden den Kindern verschiedenartige Geräte gegeben, durch deren Vielgestaltigkeit immer neue Spielvarianten entstehen, z. B.:
Ball und Stuhl (der Ball rollt unter und auf dem Stuhl, er kann darüberspringen, er wird auf dem sich bewegenden Stuhl balanciert usw.).
Schüttelbüchse und Schlaghölzchen (aufeinandergestellt balancieren, Figuren legen usw.).

Ball und Hölzchen, Rund- und Flachstab, Ball und Rundstab usw.
Ball und Reifen (der Ball wird durch den rollenden Reifen geworfen, usw.).
Die hier aufgezeigten Spielmöglichkeiten mögen genügen.

Abb. 56

212. **Spiel mit Holzblöcken.** Die Holzblöcke eignen sich gut als Hindernisse, da man sie in beliebiger Höhe aufeinanderlegen kann. Ist ein entsprechend glatter Fußboden vorhanden, so können sich die Kinder auf je 2 Holzblöcke stellen und versuchen, sich damit vor- oder rückwärts zu bewegen (gute Übung für die Bein- und Rückenmuskulatur!) — Gemeinsam lassen sich aus den Holzblöcken Türme, Wälle, Berge, Häuser, Brunnen oder Mauern bauen. Durch ihr Format und ihr Gewicht eignen sich die Holzblöcke so gut wie kein anderes Gerät zum Bauen größerer Formen.

DIE GERÄTE

Ball	—	Gummibälle in allen Größen, Medizinbälle, einfarbige und buntgefärbte Tennisbälle, japanische Papierbälle zum Aufblasen, Luftballons.
Kugel	—	Holzkugeln jeder Größe und Schwere.
Reifen	—	Kleine und große Reifen aus Holz, einfarbig und bunt (80 bis 100 cm Durchmesser).
Seil	—	Springseile mit verdickter Mitte, Seile ohne verdickte Mitte, 2 bis 3 m lang.
Hölzchen	—	Schlaghölzchen, ca. 20 cm lang, bis 2 cm Durchmesser.
Rundstab	—	Holzstab von ca. 1 m Länge und 2 bis 3 cm Durchmesser.
Flachstab	—	Holzstab von ca. 45 cm Länge, 1 cm Breite u. $^{1}/_{2}$ cm Höhe.
Schüttelbüchse	—	Blechbüchsen (Nescafé-Dosen o. ä), mit Reis, kleinen Steinen oder Sand gefüllt und bunt bemalt.
Tamburin	—	Einfaches Felltamburin, für Kinder keinesfalls zu groß und zu schwer zu wählen, mit und ohne Schellen.
Stuhl	—	Einfacher Holzstuhl in normaler Größe.
Papier	—	Schwarze, weiße und bunte Papierquadrate (evtl. Karton).
Tücher	—	Rechteckige, dreieckige und kreisförmige bunte Tücher.
Schellenbänder	—	Ca. 40 cm lange Stoffbänder, an die je 3 bis 4 kleine Glokken und Schellen genäht sind.
Würfel	—	Großer Holzwürfel (ca. 20 × 20 × 20).
Karten	—	Rechteckige und kreisförmige Papptäfelchen in verschiedenen Farben und Größen.
Holzblock	—	Holzstücke von ca. 25 cm Länge, 9 cm Breite u. 5 cm Höhe.

Außerdem Schlagzeug jeder Art (Orff-Instrumentarium).

SACHREGISTER

Die Ziffern geben die Nummern der Beispiele an.

Ball — 110, 111, 112, 113, 114, 115, 116, 117, 118, 119, 120, 121, 122, 123, 128, 131, 135, 139, 153, 154, 167, 168, 195, 196, 198, 206, 211.
Farben — 156, 159, 195, 197, 204.
Flachstab — 127, 135, 181, 198, 211.
Hölzchen — 110, 127, 128, 129, 130, 131, 135, 140, 141, 142, 143, 147, 152, 157, 160, 174, 177, 179, 181, 189, 190, 198, 199, 211.
Holzblöcke — 156, 212.
Karten — 204.
Klangfarben (Geräusch — Ton) — 70, 71, 72, 73, 74, 97, 137, 158, 160, 161, 163, 164, 174, 177, 200, 205, 208.
Kugeln — 163.
Musikalische Formen — 4, 11, 12, 17, 32, 33, 34, 35, 36, 48, 75, 77, 82, 84, 87, 90, 91, 95, 96, 101, 103, 110, 118, 127, 134, 139, 150, 176.
Musikinstrumente — 99, 109, 129, 137, 138, 205.
Papier — 169, 170, 171, 172, 173, 174, 184.
Räumliche Formen — 7, 8, 11, 20, 21, 22, 23, 25, 26, 27, 28, 29, 35, 52, 53, 64, 81, 82, 85, 108, 110, 134, 135, 143, 156, 186, 194, 199, 200, 204, 206, 207, 209, 210.
Reifen — 111, 124, 125, 126, 136, 154, 164, 165, 166, 179, 185, 188, 194, 202, 211.
Rhythmische Formen — 46, 47, 69, 79, 94, 100, 102, 129, 157, 168.
Rundstab — 127, 128, 201, 211.
Schellenbänder — 208.
Schrittarten — 1, 3, 5, 49, 92, 97, 98, 105, 108, 138.
Schüttelbüchsen — 110, 127, 131, 146, 147, 156, 157, 158, 159, 179, 181, 207, 211.
Seil — 133, 134, 135, 152, 153, 154, 175, 176, 179, 181, 194, 210.
Sitzarten — 31, 76, 97.
Sprecherziehung — 24, 25, 32, 35, 37, 40, 41, 42, 52, 54, 71, 77, 78, 80, 83, 97, 100, 105, 120, 179, 186, 187, 203.
Stuhl — 107, 114, 132, 135, 141, 145, 147, 160, 162, 174, 182, 183, 186, 200, 211.
Tamburin — 157, 160, 174, 177, 178, 190, 193.
Tonhöhe — 23, 64, 65, 66, 67, 106, 114, 124, 134, 140, 143, 149, 150, 159, 166, 169, 170, 171, 172, 173, 174, 175, 176, 184.
Tonlänge (Notenwerte) — 2, 13, 15, 24, 36, 44, 46, 55, 67, 100, 157, 184.
Tonstärke (laut — leise) — 43, 44, 45, 53, 57, 105, 190.
Tücher — 123, 135, 155, 197, 203.
Würfel — 209.
Zeichnen (Malen) — 25, 26, 28, 34, 35, 36, 65, 81, 149, 150, 151, 184, 187, 209.